LINUX

PARA HACKERS

*Una guía completa para principiantes para
el mundo del hackeo utilizando Linux*

WILLIAM VANCE

Límite de responsabilidad:

El distribuidor y el autor del libro no hacen ninguna representación o garantía sobre la exactitud o culminación de la sustancia de esta obra y desacrediten explícitamente todas las garantías, incluidas, sin restricciones, garantías de preparación por una razón específica. No se puede hacer ni estirar ninguna garantía mediante ofertas o materiales de tiempo limitado. La exhortación y los procedimientos contenidos pueden no ser apropiados para cada circunstancia. Este trabajo se vende con el entendimiento de que el distribuidor no está ocupado con la legal legal, contabilidad u otras administraciones expertas. En el caso de que se requiera ayuda experta, se deben buscar las administraciones de un experto capaz. Ni el distribuidor ni el escritor estarán en riesgo de sufrir daños que salimenten aquí de. La forma en que se alude a una asociación o página web en este trabajo como referencia, así como un potencial manantial de datos adicionales no implica que el autor o el distribuidor adopte los datos que la asociación o sitio pueda dar o sugerencias que pueda hacer. Además, los lectores deben saber que los sitios de Internet registrados en esta obra pueden haber cambiado o desaparecido entre el momento en que se escribió esta obra y cuando se lee.

Renuncia

Este libro fue escrito específicamente por razones de entrenamiento solamente. No legitima ciertos aspectos como el hackeo que pueden ser ilegales en diferentes partes del mundo de acuerdo con la ley aplicable y las políticas organizativas. No hay autorización legal para lo que se puede considerar legal en este libro. Antes de tomar sus propias decisiones, los lectores deben revisar sus políticas de privacidad, políticas organizativas y las leyes de su país de origen y residencia. En cualquier caso, no pueden confiar en esta publicación como una defensa si cometen alguna violación. El autor no se hace responsable de las acciones que pueda realizar un lector en base a esta publicación y no se hace responsable de las acciones que pudieran tomarse después de leer la publicación.

Tabla de Contenidos

Prefacio

Linux es el sistema operativo de hacking más dominante del mundo. Este funcionamiento tiene una serie de distribuciones que se construyen específicamente para el hackeo y la seguridad. El sistema operativo Linux se utiliza en muchas áreas de seguridad informática que van desde evaluaciones de vulnerabilidades hasta pruebas de penetración.

Las distribuciones del sistema operativo Linux que están destinados para el hackeo y la seguridad vienen pre-empaquetados con más de 100 herramientas de hacking. Estas distribuciones como cualquier otro equipo Linux tienen el shell bash todopoderoso; que es la forma más potente y flexible de interactuar con el kernel del sistema operativo y los servicios de attendant. Un shell de Linux se utiliza para ejecutar comandos individuales. Los comandos son un conjunto de instrucciones enviadas al kernel de Linux para indicar al equipo qué hacer. El shell de Linux también puede ejecutar e interpretar comandos desde un archivo de texto escrito llamado script bash, lo que permite una fácil automatización de tareas. Para todos los usuarios expertos de Linux y aquellos interesados en la seguridad informática y la ciencia forense, la línea de comandos o shell da un poder sin precedentes al hacker.

Introducción

Propósito

Este libro es una guía completa para enseñar a los administradores de sistemas Linux cómo hackear los sistemas de tecnología de la información para encontrar sus vulnerabilidades antes de que los atacantes traviesos y malvados lo hacen. El libro es una introducción al uso del sistema operativo Linux para hackear. Es importante tener en cuenta que estudiar los métodos de ataque de sistemas de TI y piratería más habituales y fomentar la mentalidad de los piratas informáticos ayudará a mejorar la seguridad de los sistemas de tecnología de la información y ayudar a los administradores de sistemas a construir sistemas más seguros desde cero.

Requisitos previos

Experiencia

Este libro está diseñado para el hacker principiante u otros profesionales de TI en ciernes que quieren aprender a utilizar las herramientas de hacking del sistema operativo Linux. Para trabajar a través de este libro lo suficientemente bien, el hacker novato debe tener un conocimiento de trabajo de scripting bash, python scripting, Protocolo de control de transmisión / Protocolo de Internet (TCP/IP), Sistema de nomenclatura de dominio (DNS),

HTTP, HTML, bases de datos de código abierto y servidores web como Apache y Nginx.

Hardware

Para repasar este libro, los alumnos deben utilizar una máquina que ejecute VirtualBox o VMware. También se espera que el alumno instale una máquina virtual Kali Linux y una máquina virtual Metasploitable antes de trabajar a través del contenido de este libro.

Kali Linux se puede descargar desde http://www.kali.org.

Metasploitable se puede descargar desde:
http://sourceforge.net/projects/metasploitable/files/Metasploitable2

El lector debe asegurarse de que ambas máquinas están en la misma red virtual y de que ambas máquinas tengan acceso a Internet.

Capítulo 1

Fundamentos de Linux
- Introducción de un hacker

Hay un montón de preguntas de los principiantes de TI y expertos por igual en lo que respecta a qué sistema operativo es ideal para los hackers. En este libro vamos a empezar señalando que casi todos los hackers profesionales y expertos que valen su nombre en el mundo ha utilizado y utiliza el sistema operativo Linux. Este libro se va a centrar principalmente en el hackeo ética. La mayoría de las herramientas de hacking que están disponibles en este mundo están desarrolladas para y en plataformas Linux. Tenemos algunos valores atípicos, sin embargo, incluyendo software como Metasploit, Cain y Abel, Zenmap y Havij que están programados o portados para el sistema operativo Windows.

Cuando las aplicaciones Linux se crean en Linux, a menudo pierden algunas de sus capacidades cuando se portan al sistema operativo Windows. Además, hay capacidades integradas de Linux que simplemente no están disponibles en Windows. Esta es la razón por la mayoría de las herramientas de hackers se desarrollan en y SOLO para Linux en la mayoría de los casos.

¿Por qué Linux OS es bueno para Hacking?

Linux para hackers éticos está diseñado con el único propósito del hackeo ética utilizando el sistema operativo Linux. Un par de competencias son necesarias para que los hackers se acerquen a el hackeo usando Linux, porque muchos sistemas que hackean son dispositivos Linux y una gran proporción de los instrumentos de hoy en día están basados en Linux.

Hay una serie de razones por las que los hackers prefieren utilizar el sistema operativo Linux. Detallamos algunas de las razones de la sección subsiguiente.

¿Por qué Hackers prefieren Linux?

Con el fin de familiarizarse con toda la gama de tecnologías de piratería ética, es imperativo tener una comprensión del sistema operativo Linux. Yasser Ibrahim, un ingeniero de sistemas dijo en su artículo sobre Quora: "Debes entender los conceptos básicos hasta el conocimiento experto en Linux y aprender los comandos en la consola, shell scripting, entender el kernel y cómo funciona y obtener una comprensión del sistema de archivos Linux.

Linux es de código abierto

Una de las principales razones por las que los entusiastas de la seguridad de TI y los piratas informáticos por igual eligen Linux en lugar de Windows es la capacidad de controlar y personalizar el código fuente de Linux. Esto debe ser recordado particularmente hoy en día, cuando los problemas de privacidad son un problema para las empresas notables.

Podemos auditar Linux

Tenemos acceso a todo el código fuente del sistema operativo Linux para que podamos entender su funcionamiento interno. Podemos auditar el código fuente y ver las posibilidades de mejorar el código, detectar cualquier error.

Control gritty

A través de su núcleo personalizable, el sistema operativo Linux nos permite codificar y automatizar algunos elementos del sistema operativo de forma rápida y sencilla para utilizar lenguajes de scripting como BASH y Python.

Herramientas de hacking integradas

El sistema operativo Linux tiene un porcentaje justo de herramientas de hacking incorporadas que están específicamente destinadas a este espacio. La mayoría de las herramientas de hacking funcionan mejor en distribuciones Linux que en cualquier otro sistema operativo. Esto se debe a que utiliza lenguajes de scripting como BASH y Python, que son ligeros, y simplifica la escritura de código mínimo que tiene un gran impacto. Actualmente, Ubuntu representa más del 90% de las utilidades de hacking abierto.

Linux tiene el futuro

Los sistemas integrados dependen en gran medida del kernel de Linux porque es potente y ligero, ya que la tecnología informática sigue avanzando. Cada día, más y más dispositivos están conectados a Internet, y los usuarios utilizan el Internet de las cosas. Los dispositivos basados en Linux necesitan seguridad web.

Las razones expuestas anteriormente contribuyen al uso de Linux para el hackeo ética y la seguridad. El futuro de la protección informática está en manos de hackers éticos que auditan y evalúan los sistemas en busca de vulnerabilidades antes de que sean explotados por hackers malintencionados.

Linux funciona bien para el hackeo ética

Los usuarios de Linux pueden descargar y configurar una instancia del sistema operativo Linux en su máquina física o pueden instalarla en una infraestructura virtualizada como Oracle VirtualBox. Hay una gama de distribuciones de Linux diseñadas para expertos en seguridad de las TIC, piratería ética, auditoría de sistemas, análisis forense y evaluaciones de debilidad del sistema. El listado a continuación muestra las distribuciones de Linux diseñadas para el hackeo y que se utilizan más a menudo en el hackeo

Kali Linux OS

El sistema operativo Kali Linux basado en Debian se llamaba anteriormente Backtrack y es la distribución de Linux de seguridad y piratería más popular en el mundo. Tenemos un sistema operativo de seguridad de clase mundial en Kali Linux que es muy confiable en pruebas de penetración, piratería ética y auditorías de seguridad del sistema. El sistema viene con una serie de paquetes de utilidad utilizados para el proceso de piratería. Está desarrollado en Debian

Linux y es administrado, operado y mantenido por un negocio llamado Offensive Security se compone de varias tecnologías de hackers que lo convierten en la distribución de hacking más deseable y potente.

Sistema operativo de seguridad Black Arch

Black Arch es una plataforma de seguridad basada en la distribución del sistema operativo Arch Linux y está diseñada con más de dos mil trescientas (2.300) aplicaciones para el hackeo. A pesar de que tiene más herramientas de hacking incorporadas que Kali, es una aventura bastante nueva en este momento. También es menos estable en comparación con Kali.

Sistema Operativo Parrot Hacking

El sistema operativo de seguridad Parrot Linux es una distribución Linux centrada en la defensa basada en Debian Linux que proporciona una gama de programas y recursos para pruebas de penetración, forenses informáticos, ingeniería inversa, piratería, anonimato, confidencialidad y criptografía. Este producto en particular tiene una interfaz de escritorio operativo estándar llamada MATE. Frozenbox desarrolló este sistema operativode seguridadParrot.

Santoku Mobile Security Linux System

Santoku es una distribución de seguridad Linux de arranque que fue diseñada específicamente para dispositivos móviles. Esta utilidad de seguridad tiene herramientas destinadas a la evaluación forense de teléfonos móviles, evaluaciones de vulnerabilidades y auditorías.

Santoku Linux viene con un marco DE SDK integrado, controladores de hardware y herramientas que permiten que los dispositivos móviles recién emparejados se detecten y configuren automáticamente. Santoku Mobile Security Linux es un proyecto completamente abierto y gratuito apoyado por la comunidad patrocinado por NowSecure que patrocina a los miembros clave del equipo del proyecto y algunos recursos para la implementación e integración del sistema. En un proyecto de código abierto fácil de usar, Santoku se dedica a la ciencia forense de dispositivos móviles, evaluación y seguridad.

Hacking BackBox Linux

BackBox Security Linux Hacking OS es un sistema operativo de seguridad muy joven diseñado para pruebasde infiltración del sistema, auditoría de seguridad y evaluaciones devulnerabilidad. El propósito principal de usar Backbox es proporcionar un sistema de pruebas de seguridad y defensa independiente, eficaz y confiable. XFCE, el ligero Graphical User Interface Manager, es utilizado por BackBox. Este sistema operativo contiene las utilidades comunes más relevantes de auditoría de seguridad y defensa del sistema para probadores de penetración y expertos en seguridad. El paquete de software cubre la evaluación de aplicaciones web, análisis de red, pruebas de esfuerzo, análisis informático forense, actividad, papeleo y documentación.

Kali Linux es el más ampliamente utilizado de las variantes del sistema operativo de hacking Linux anteriormente. El foco principal es Kali Linux, pero Backbox y Santoku Linux van a conseguir un aspecto superficial. Comience descargando Kali Linux y aprendiendo a utilizar el software antes de que se sienta lo suficientemente cómodo como para usarlo todos los días en Oracle VirtualBox.

En resumen, usted tiene que dominar un par de habilidades básicas de Linux, redes Linux, shell básico, Perl y Python habilidades de scripting y el uso de distribuciones de hacking Linux como Backbox Linux, Cyborg Linux y la mejor distribución llamada Kali Linux para convertirse en un hacker que vale la pena.

Linux y Bash Shell Basics

Linux, como un sistema operativo que puede ser utilizado por los piratas informáticos, tiene una serie de maneras de moverse. La herramienta más importante para cada hacker es la información y la capacidad de conocer y maniobrar en un sistema.

Paramoverse, los usuarios pueden utilizar el comando man para saber mucho sobre el sistema

```
[ppeters@rad-srv -]$ man <COMMAND>
```

Para este libro el lector necesita familiarizarse con la distribución Kali Linux.

Qué es una distribución de Linux

Aunque a menudo se utiliza como un título para todo el sistema operativo, Linux es el título del kernel, un componente que controla la interacción entre los ordenadores y las aplicaciones de usuario final.

Por otro lado, la expresión de distribución de Linux se refiere a un sistema operativo completo que se construye sobre el kernel de Linux, que generalmente comprende un sistema instalado y muchas aplicaciones que están preinstaladas o empaquetadas fácilmente.

Debian GNU / Linux es una distribución estándar, de alta calidad y estable para Linux. Basándose en el trabajo del proyecto Debian, Kali Linux proporciona más de 300 paquetes de utilidades, todos ellos relacionados particularmente con la seguridad de TI y las pruebas de penetración.

Debian es un programa decódigo abierto que suministra varias copias del sistema operativo y con frecuencia utilizamos el término distribución cuando hablamos de probar las distribuciones estables o de pruebas de Debian en una versión específica. Lo mismo es cierto para Kali Linux, por ejemplo, la distribución Kali Rolling.

El entorno Linux
- Esta sección del libro es un viaje inmersivo en los conceptos fundamentales de los sistemas de archivos Linux. El sistema de archivos Linux es una agrupación virtual de archivos y directorios en el disco duro del sistema operativo. Esta estructura de archivos es la forma en que los archivos de Linux se identifican, almacenan, acceden y editan en un disco o directorio para su almacenamiento; la forma en que los archivos se estructuran en el disco. Linux proporciona

datos en archivos y carpetas como cualquier otro sistema operativo. A su vez, los archivos se incluyen en las carpetas (una carpeta es un tipo de archivo Linux que puede incluir otros archivos y directorios). Una carpeta puede comprender directorios adicionales, lo que resulta en una disposición jerárquica. Esta estructura de datos jerárquica se denomina sistema de archivos Linux.

- El sistema de archivos Linux proporciona un modelo unificado de todo el almacenamiento del sistema. Un directorio raíz independiente para el sistema de archivos se especifica mediante un toque directo (/). A continuación, hay una jerarquía de archivos y directorios. Los componentes del sistema de archivos pueden residir en varios medios físicos, como el disco duro, el ordenador y el CD-ROM.

¿Qué es un sistema de archivos Linux

Los archivos no solo almacenan información, sino que también permiten que las aplicaciones colaboren, permiten el acceso a dispositivos de hardware, muestran determinados directorios de archivos, proporcionan puntos de información y vinculan máquinas o prácticamente a través de la red. Dentro de los sistemas Linux y Unix, los archivos son el concepto clave. Básicamente, todo se ve como un archivo en Linux; tuberías a otros procesos, el software del sistema informático, e incluso directorios y referencias o enlaces a archivos. Los archivos virtuales incluso proporcionan al usuario acceso a la estructura del núcleo.

En Linux, un archivo simboliza un solo objeto, mientras que un sistema de archivos define la forma en que los archivos se guardan en los medios del sistema Linux. Los medios comprenden discos duros o disquetes, discos USB y DVD-ROM, tarjetas de interfaz de red y la memoria RAM de la máquina. Cada categoría de sistema de archivos implementa propiedades distintivas. No todos los tipos de archivos se pueden montar en cualquier sistema de archivos, ni ninguna forma de sistema de archivos admite ningún medio. Los archivos de un sistema Linux tienen propiedades específicas del tipo. Es una propiedad común de todos los archivos que tienen una colección de privilegios que indican el grupo al que pertenecen y quién los posee. Tenemos numerosos tipos de archivos, a saber, archivos regulares, directorios, archivos de dispositivos especiales, tuberías regulares, canalizaciones con nombre, tomas de corriente, enlaces duros y enlaces flexibles.

En primerlugar, **los archivos regulares** se utilizan para mantener la información en un sistema de archivos Linux. Estos son el tipo común de archivos que son buques para almacenar datos permanentes. En segundo lugar tenemos **Directorios, que son esencialmente** un tipo especial de archivo que almacena otros archivos. El propósito del directorio principal es mantener la jerarquía del sistema de archivos. Los directorios son esencialmente archivos que contienen una lista de otros archivos. Tenemos un tercer tipo de archivo llamado Archivos especiales de **dispositivos.** Estas son fundamentalmente interfaces de kernel Linux a un dispositivo o pieza de equipo de hardware que está conectado a su máquina, ya sea directamente o a través de puertos externos como el puerto USB. Tenemos dos clases de archivos de dispositivos especiales en existencia, a saber, los archivos de dispositivo almacenados en búfer y los archivos de dispositivo sin búfer. Los archivos de dispositivo sazonados se denominan archivos de dispositivo de **bloque** y los que no están almacenados en búfer se denominan archivos de dispositivo de caracteres.

El cuarto tipo de archivo se denomina **tubería regular,** que es principalmente una interrelación entre dos procesos del sistema Linux. Dentro de un programa, manejan el mismo archivo dentro del marco de trabajo, pero no hay ninguna referencia en el sistema de archivos. Sólo si desea crear un programa es este tipo de archivo útil. Las tuberías son una forma sencilla de conectar comandos desde un nivel de usuario, proporcionando una salida de un programa como entrada a algún otro programa. También tenemos **tuberías con nombre** que son similares a nuestras tuberías físicas estándar, pero se definen en el sistema de archivos Linux. Las canalizaciones con nombre se utilizan para comunicarse entre procesos, pero pueden existir incluso sin que los procesos accedan a ellas.

A continuación tenemos un **Socket** que es similar a las tuberías regulares que discutimos anteriormente y ejecutar el mismo propósito. La distinción es que un socket se utiliza para conversar a través de una red. A continuación, hay **enlaces duros** que son sólo una entrada secuencial en una estructura de carpetas De Linux de un archivo existente. Un enlace duro es una copia reflejada del archivo original en un sistema de archivos Linux. Un vínculo duro es similar a un nuevo nombre para el archivo. Por último mencionamos **Symbolic o soft Link que** es un enlace real o puntero al archivo original.

Un sistema de archivos se divide en dos secciones, denominada información de usuario y metadatos; este último incluye el nombre del archivo, la hora de creación, la hora en que se modificó, el tamaño y la posición del archivo en la jerarquía de directorios.

Una partición es un contenedor de información y, si se desea, puede abarcar todo un disco duro.

Hay particiones distintas que normalmente tienen sólo un sistema de archivos en su disco duro. La unidad de disco del equipo o servidor puede tener directorios independientes que suelen incluir un sistema de archivos, como un sistema de archivos que aloja el directorio raíz / u otro que contiene el directorio/hogar.

La lógica de mantenimiento y gestión de varios procesos de almacenamiento es posible con un sistema de archivos por partición.

Todos los archivos Linux incluyen dispositivos de hardware como DVD ROMs, unidades USB y disquetes. Todo en el sistema operativo Linux se considera un archivo.

El sistema de archivos Linux consta de varios archivos y directorios; bajo la carpeta raíz /, el siguiente comando ls puede mostrar la lista de todos los archivos y directorios en / directorio:

```
[ppeters@rad-srv-]$ ls /
```

El siguiente comando se utiliza para verificar los tamaños de archivo y directorio y dónde se montan con:

```
[ppeters@rad-srv -]$ df -h /
```

Tipos de sistemas de archivos Linux

Estructura de directorios de Linux

La estructura jerárquica del sistema de archivos Linux tiene muchos directorios que tienen ciertos propósitos. Encontrar su ruta alrededor de directorios Linux es más sencillo si entiende la función de directorios específicos. Otra ventaja de comprender cómo se usan normalmente los directorios es que cuando tiene un entorno actual, puede averiguar dónde puede buscar determinados tipos de registros. Las carpetas del sistema Linux se describen poco después:

La estructura del sistema operativo Linux se divide en las siguientes carpetas:

La carpeta /dev

El directorio /dev también se denomina carpeta Dispositivos de hardware y contiene hechos relativos a todo el equipo de hardware conectado al sistema de archivos.

Este directorio contiene todos los elementos generados dinámicamente por el sistema **udev,** en la detección por el sistema Linux durante Power-on, Self-Test o cuando se montan.

La carpeta /var

El directorio /var es una carpeta o directorio de Linux que contiene archivos que se prevé que cambien de tamaño y contenido.

En la mayoría de las distribuciones de Linux, los registros se encuentran en el archivo /var/log y la carpeta /var/spool mantiene las colas de impresión de Linux.

El directorio /bin

Esto encierra todos los archivos binarios ejecutables de Linux, comandos críticos del sistema que se utilizan en Linux de un solo usuario y todos los programas esenciales requeridos por todos los usuarios del sistema.

La carpeta /sbin

El directorio /sbin almacena programas de sistema totalmente menos importantes que se ejecutan en el modo de usuario único de Linux.

La carpeta /etc Linux

En los sistemas de archivos Linux, la carpeta /etc contiene la configuración del sistema y sus archivos de texto de configuración.

Por ejemplo, el archivo **/etc/resolv.conf** es un archivo que almacena las direcciones IP de los servidores DNS que el sistema utilizará para resolver nombres de dominio en direcciones IP.

La carpeta /lib

La carpeta /lib almacena las bibliotecas del sistema Linux comúnmente compartidas por los programas de aplicación y que son obligatorias para que se ejecuten.

La carpeta /boot

El directorio /boot del sistema Linux almacena los archivos obligatorios para el arranque.

La carpeta /opt

Este es un directorio del sistema Linux también conocido como el directorio opcional que contiene aplicaciones de software Linux, que son configuradas y configuradas físicamente por el administrador del sistema o usuario.

/tmp

Este es el directorio que contiene archivos temporales que se eliminan del sistema después de cada reinicio.

/usr

Este directorio contiene todos los programas multiinquilino, utilidades y datos. Este directorio tiene los siguientes subdirectorios comunes:

o /usr/include: contiene archivos de encabezado utilizados para compilar programas.

o usr/lib: contiene bibliotecas para programas en usr/s)bin.

o usr/sbin: contiene todos los binarios del sistema no vitales, como los demonios del sistema. En los sistemas Linux modernos, esto está conectado simbólicamente a /sbin.

o usr/bin: este es el directorio inicial para los comandos ejecutables del sistema.

o usr/share: son los datos compartidos utilizados por las aplicaciones, generalmente independientes de la arquitectura.

o usr/src: este es el directorio que contiene el código fuente del núcleo.

o usr/local: este directorio contiene toda la información y comandos exclusivos del dispositivo residente.

/dev Especiales

Este directorio de Specials contiene todos los archivos entregados por el sistema operativo que no denotan ningún dispositivo físico, pero ofrecen una manera de acceder a características especiales:

o /dev/null: esta carpeta no tiene en cuenta todo lo que se le ha escrito. Es conveniente para descartar la salida no deseada.

o /dev/zero: esta carpeta contiene un número infinito de cero bytes, lo que puede ser beneficioso para generar archivos de una longitud especificada.

o /dev/urandom y /dev/randomestas carpetas que comprenden una corriente infinita de números aleatorios generados por el sistema operativo, accesibles por todo el programa Linux que quiere leerlos. La diferencia es que el segundo garantiza una gran oportunidad y por lo que debe utilizarse para la codificación, mientras que el primero se puede utilizar para coincidencias..

El siguiente comando genera bytes aleatorios en su resultado:

[ppeters@rad-srv-]$ gato /dev/urandom - cadenas

El núcleo de Linux

El núcleo de Linux es el núcleo o el corazón del sistema operativo responsable de administrar las demandas de entrada/salida del software, y las traduce en instrucciones de procesamiento de datos para la unidad de procesamiento central (CPU).

Para determinar la información del kernel de Linux, puede escribir el siguiente comando:

[raíz de ppeters@rad-srv]$ cat /proc/version

Linux versión 2.6.32-754.14.2.el6.x86_64 (mockbuild@x86-01.bsys.centos.org) (gcc versión 4.4.7 20120313 (Red Hat 4.4.7-23) (GCC)) #1 SMP Mar 14 19:35:42 UTC 2019 [raíz de ppeters@rad-srv]$

Podemos imprimir la información relacionada del sistema con el comando **uname** específico. La bandera **-un** medio para todos:

[raíz de ppeters@rad-srv]$ uname -a

Linux rad-srv.uz.ac.zw 2.6.32-754.14.2.el6.x86_64 #1 SMP Tue May 14 19:35:42 UTC 2019 x86_64 x86_64 x86_64 GNU/Linux

[raíz de ppeters@rad-srv]$

Como una ilustración a continuación, queremos averiguar si estamos utilizando el actualizado Linux Kernel on nuestro servidor. Los dos comandos siguientes se pueden utilizar para determinar esto y si muestran un resultado similar, entonces sabemos que nuestro núcleo es la versión más reciente:

[raíz de ppeters@rad-srv]$ rpm -kernel qa - ordenar -V - cola -n 1

[raíz de ppeters@rad-srv]$ uname -r

La salida de ejemplo es la siguiente

[raíz de ppeters@rad-srv]$ rpm -qa kernel ? clasificación -V ? cola -n 1

kernel-2.6.32-754.14.2.el6.x86_64

[raíz de ppeters@rad-srv]$ uname -r

21

2.6.32-754.14.2.el6.x86_64

[raíz de ppeters@rad-srv]$

Procesos de Linux

En el sistema operativo Linux, un programa en ejecución se denomina proceso. Cada uno de los procesos en Linux tiene un propietario, que es el usuario que ha iniciado sesión actualmente y es responsable de ejecutar el programa.

Podemos averiguar qué programas o procesos se están ejecutando en el sistema utilizando el comando **ps,** también conocido como el comando process status. La utilidad ps nos muestra el ID de los procesos en ejecución, también conocido como PID o ID de proceso. El ID de proceso es una identidad de proceso duradera distintiva y es un hecho que diferentes copias de un programa determinado tendrán PID separados.

En Linux podemos elegir si queremos que nuestros procesos se ejecuten en segundo plano o en primer plano. Para poner un trabajo o proceso en segundo plano, lo ejecutamos con el signo & o presionamos las teclas del teclado CTRL-Z y luego escribimos bg. Para llevar el trabajo o proceso que se está ejecutando en segundo plano al primer plano, usamos la utilidad fg. Al escribir fg en el terminal todos los procesos en segundo plano se llevan a la vanguardia.

En Linux, es posible que deseemos ver la lista de todos los procesos no iniciados desde nuestra sesión existente; para hacer esto, utilizamos la utilidad ps con el x switch como se muestra a continuación:

[raíz de ppeters@rad-srv]$ ps x

PID TTY STAT COMANDO DE TIEMPO

17948 pts/0 S 0:00 bash

17988 pts/0 R+ 0:00 ps x

[raíz de ppeters@rad-srv]$

Para ver todos tus procesos y los que pertenecen a otros usuarios:

[raíz de ppeters@rad-srv]$ ps aux

Para mostrar una lista de todos los procesos zombies que puedehacer:

[raíz de ppeters@rad-srv]$ ps aux á grep -w Z

ppeters 17993 0.0 0.0 103324 920 pts/0 S+ 20:54 0:00 grep -w Z

[raíz de ppeters@rad-srv]$ ps -e

Utilidad superior

Linux tiene un comando muy práctico llamado **top,** que es esencialmente una tabla de **procesos.** Informa al usuario de qué programas están utilizando la mayor parte de la memoria o CPU:

[raíz de ppeters@rad-srv]$ top

superior - 20:57:29 hasta 37 días, 6:27, 1 usuario, promedio de carga: 0.00, 0.00, 0.00

Tareas: 464 total, 1 corriendo, 463 durmiendo, 0 detenido, 0 zombi

Cpu(s): 0.0%us, 0.0%sy, 0.0%ni,100.0%id, 0.0%wa, 0.0%hi, 0.0%si, 0.0%st

Mem: 32877376k total, 1004576k usado, 31872800k libre, 194624k buffers

Intercambio: 4128764k total, 0k usado, 4128764k gratis, 352112k en caché

PID USUARIO PR NI VIRT RES SHR S %CPU %MEM TIME+ COMMAND

17995 ppeters 20 0 15296 1556 948 R 0.7 0.0 0:00.07 top

84 raíz 20 0 0 0 0 S 0,3 0,0 34:55.19 eventos/1

1 raíz 20 0 19364 1560 1240 S 0.0 0.0 0:03.84 init

2 raíz 20 0 0 0 0 S 0,0 0,0 0:00.02 kthreadd

3 raíz RT 0 0 0 0 S 0.0 0.0 0:00.02 migración/0

4 raíz 20 0 0 0 0 S 0,0 0,0 0:00.14 ksoftirqd/0

5 raíz RT 0 0 0 0 S 0.0 0.0 0:00.00 tapón/0

6 raíz RT 0 0 0 0 S 0.0 0.0 0:08.16 watchdog/0

7 raíz RT 0 0 0 0 S 0.0 0.0 0:00.30 migración/1

8 raíz RT 0 0 0 0 S 0.0 0.0 0:00.00 tapón/1

9 raíz 20 0 0 0 0 S 0,0 0,0 0:00.03 ksoftirqd/1

10 raíz RT 0 0 0 0 S 0,0 0,0 0:06,95 watchdog/1

11 raíz RT 0 0 0 0 S 0.0 0.0 0:00.00 migración/2

12 raíz RT 0 0 0 0 S 0,0 0,0 0:00,00 tapón/2

13 raíz 20 0 0 0 0 S 0,0 0,0 0:00.07 ksoftirqd/2

14 raíz RT 0 0 0 0 S 0,0 0,0 0:06,75 watchdog/2

15 raíz RT 0 0 0 0 S 0.0 0.0 0:00.00 migración/3

16 raíz RT 0 0 0 0 S 0,0 0,0 0:00,00 tapón/3

Tenemos una serie de comandos que son como la parte superior, pero necesitan ser instalados, tales como **htop** y **miradas por encima,**que necesita ser instalado si desea usarlo.

Kill Utility

Kill es una utilidad utilizada para detener un comando que se está ejecutando. Esta utilidad envía un mensaje llamado señal al programa o proceso. Tenemos 64 señales diferentes, algunas con significados distintos de dejar de correr:

[ppeters@rad-srv root]$ kill [ID de proceso]

- SIGTERM es la señal predeterminada enviada por kill y dice que desea que se detenga. Es sólo una demanda,y puede ser ignorado por el programa.

- La señal SIGKILL es absolutamente necesaria, lo que lleva al proceso a cerrarse inmediatamente. La única excepción es que el programa solicite al sistema operativo, es decir, una llamada al sistema, en medio de él. El hecho es que la solicitud debe completarse primero. La 9a señal está en la lista y normalmente se envía con SIGKILL:

[raíz de ppeters@rad-srv]$ matar -9 [ID de proceso]

- Tenemos varias maneras de indicar a un comando que salga y CTRL-C es el método principal, y este método envía un mensaje SIGINT al kernel de Linux. La segunda manera de hacer que un proceso se cierre es utilizando el comando kill especificado con el identificador de proceso o PID como argumento para matar.

Uptime

El comando de tiempo de actividad o utilidad en Linux es una herramienta utilizada básicamente para mostrarnos la cantidad de tiempo que nuestro sistema Linux ha estado operativo, con medición de la media de carga también:

[raíz de ppeters@rad-srv]$ tiempo de actividad

Nice y Renice Utilities

Nice y renice son utilidades para alterar la prioridad del proceso en Linux. Por último, puede cambiar la prioridad de procesos mediante nice, que ejecuta un proceso con una prioridad de programación alterada, mientras que la utilidad renice cambia la prioridad de los procesos en ejecución.

Variables de entorno y shell de Linux

Las propiedades o parámetros de entorno en Linux son valores del sistema designados para los objetos del sistema operativo que se utilizan en la ejecución de procesos. Al comunicarse con el servidor a través de la sesión de shell bash, hay una serie de datos que su bash evalúa para dictar su conducta y acceso a los recursos del sistema Linux. Algunas de estas configuraciones están incrustadas en el archivo de configuración y otras se comprueban mediante la entrada del usuario.

Uno significa que el shell bash mantiene un registro de todas estas configuraciones y la información es a través de cualquier ubicación que controla llamada la variable de entorno Linux. El entorno Linux es una región que el shell crea cada vez que se abre una sesión que comprende variables que clasifican los atributos del sistema.

Conjunto de entorno ytilidades Env U

En Linux, es posible comprobar qué variables de entorno se establecen para el sistema utilizando los dos comandos siguientes. El usuario puede obtener o ver los parámetros y la configuración del entorno en su sistema Linux escribiendo los comandos set y env como se muestra a continuación:

[raíz de ppeters@rad-srv]$ set

o
[raíz de ppeters@rad-srv]$ env

A continuación se muestra la ilustración del comando env

[ppeters@rad-srv-]$ env

NOMBRE DE HOSTHOST-srv.uz.ac.zw

SELINUX_ROLE_REQUESTED

SHELL/bin/bash

TERM-xterm

HISTSIZE-1000

SSH_CLIENT-10.50.219.53 56324 22

SELINUX_USE_CURRENT_RANGE

SSH_TTY/dev/pts/0

USUARIO-ppeters

LS_COLORS-rs-0:di-01;34:ln-01;36:mh-00:pi-40;33:so-01;35:do-
01;35:bd-40;33;01:cd-40;33;01:o-40;31;01:mi-01;05;37;41:su-
37;41:sg-30;43:ca-30;41 :tw-30;42:ow-34;42:st-37;44:ex-
01;32:*.tar-01;31:*.tgz-01;31:*.arj-01;31:*.taz-01 ;31:*.lzh-
01;31:*.lzma-01;31:*.tlz-01;31:*.txz-01;31:*.zip-01;31:*.z-
01;31:*. Z-01;31:*.dz-01;31:*.gz-01;31:*.lz-01;31:*.xz-
01;31:*.bz2-01;31:*.tbz-01;31:*.tbz2-
01;31:31:31:31:31:31:31:31:31:31:31:31:31:31:31:31:31:31:31:
31;31:31:31:31:31:31:31:01;31:31:31:31:31:31:01;31:31:31:31:31:
31;31:01;31:31:01;31:01;31:31:01;31:31:01;31:3 *.bz-01;31:*.tz-
01;31:*.deb-01;31:*.rpm-01;31:*.jar-01;31:*.rar-01;31:*.ace-
01;31:*.zoo-
01;31;31:31:31:31:31:31:31:31:31:31:31:31:31:31:31:31:31:31:31:
*.ace-01;31:31:.zoo-
01;31;31:31:31:31:31:31:31:31:31:31:31:31:31:31:31:*.as-
01;31:*.zoo-01;31;31:31:31:31:31 :*.cpio-01;31:*.7z-01;31:*.rz-
01;31:*.jpg-01;35:*.jpeg-01;35:*.gif-01;35:*.bmp-01;35:*.pbm-
01;35:*.gif-01;35:*.gif-01;35:*.bmp-01;35:*.pbm-01;35:*.gif-
01;35:*.bmp-01;35:*.pbm-01;35:**.gif-01;35:*.bmp-01;35:*.pbm-
01;35:*35:*.gif-01;35:*.bmp-01;35:*.pbm-01;35:**35:*.gif-
01;35:*.bmp-01;35:*.pbm-01 .pgm-01;35:*.ppm-01;35:*.tga-
01;35:*.xbm-01;35:*.xpm-01;35:*.tif-01;35:*.tiff-01;35:*.png-
01;35 :*.svg-01;35:*.svgz-01;35:*.mng-01;35:*.pcx-01;35:*.mov-
01;35:*.mpg-01;35:*.mpeg-01;35:*.m2v-01;35:*.mkv-
01;35:*.ogm-01;35:*.mp4-01;35:*.m4v-01;35:*.mp4v-
01;35:*.vob-01;35:*.qt-01;35:*.nuv-01;35 :*.wmv-01;35:*.asf-

01;35:*.rm-01;35:*.rmvb-01;35:*.flc-01;35:*.avi-01;35:*.fli-
01;35:*.flv-01;35:**.avi-01;35:**.gl-01;35:*.dl-01;35:*.xcf-
01;35:*.xwd-01;35:*.yuv-01;35:*.cgm-01;35:*.emf-01;35:*.axv-
01;35 :*.anx-01;35:*.ogv-01;35:*.ogx-01;35:*.aac-01;36:*.au-
01;36:*.flac-01;36:*.mid-01;36:*.midi-01;36:**.flac-01:*.mka-
01;36:*.mp3-01;36:*.mpc-01;36:*.ogg-01;36:*.ra-01;36:*.wav-
01;36:*.axa-01;36:*.oga-01;36 :*.spx-01;36:*.xspf-01;36:

PATH/usr/local/sbin:/usr/local/bin:/sbin:/bin:/usr/sbin:/usr/bin:/root
/bin

MAIL/var/spool/mail/root

PWD/casa/ppeters

LANG-en_US. UTF-8

MODULEPATH/usr/share/Módulos/archivos de
módulo:/etc/modulefiles

LOADEDMODULES

SELINUX_LEVEL_REQUESTED

HISTCONTROL-ignorados

HOME/home/ppeters

SHLVL-2

LOGNAME-ppeters

CVS_RSH-ssh

SSH_CONNECTION 10,50,219,53 56324 10,17,1,11 22

MODULESHOME/usr/share/Módulos

LESSOPEN /usr/bin/lesspipe.sh %s

G_BROKEN_FILENAMES 1

BASH_FUNC_module()() á eval '/usr/bin/modulecmd bash $*'

}

OLDPWD/root

_/bin/env

[ppeters@rad-srv-]$

Exportación ytilidades Echo Uen Linux

Podemos modificar los valores de una variable de entorno utilizando los comandos de exportación y eco en Linux:

[raíz de ppeters@rad-srv]$ exportar VAR<valor>

Podemos comprobar el valor usando el siguiente comando:

$VAR de eco [raíz de ppeters@rad-srv]$

El entorno de Linux PATH, también conocido como la ruta de consulta, es un catálogo de carpetas bajo el cual el programa de shell de Linux está tratando de descubrir un comando específico de Linux. Por ejemplo, si introduce ls, se comprobará en /bin/ls. La ruta se coloca en la variable PATH, que es un catálogo de títulos de carpeta divididos por dos puntos y codificados dentro./bashrc. Puede mover o exportar una ruta de acceso nueva utilizando el siguiente comando:

[raíz de ppeters@rad-srv]$ exportar PATH-
$PATH:/[carpeta]

Variable Bash en scripts

Cuando estamos ejecutando un script de shell bash, tenemos variables de pseudo-entorno que se pueden llamar usando $1, $2, etc., para los parámetros o argumentos discretos que se pasaron al script cuando se ejecutó. Además, $0 es el nombre del script y el comando $- nos muestra la lista de todos los argumentos o parámetros de la línea de comandos.

El "/." Archivos (archivos de puntos)

El punto más importante en un archivo en Linux se utiliza como un marcador para no enumerar estos archivos normalmente, pero sólo cuando se exigen específicamente. El motivo es que, generalmente, los archivos de puntos se utilizan para almacenar datos confidenciales y de configuración para programas y aplicaciones del sistema.

.bashrc

- Este archivo contiene scripts bash y variables que se ejecutan cuando se invoca bash.

- Es una habilidad noble y un conocimiento experto para modificar su .bashrc. Los usuarios de Linux siempre deben recordar la obtención de su archivo ./bashrc cada vez que se realiza una modificación. Debemos tener en cuenta que la apertura de un nuevo terminal de shell de Linux tiene un resultado similar al de obtener su archivo:

[raíz de ppeters@rad-srv]$ fuente .bashrc

Sensible Dot-Files

El uso de programas criptográficos, como ssh y gpg, en Linux mantiene una gran cantidad de información en los siguientes directorios .

Descriptores de archivos

En Linux, tenemos filehandles que también se denominan descriptores de archivo. Los descriptores de archivo son enteros positivos únicos que identifican de forma única los archivos abiertos en el shell bash. Tenemos tres descriptores de archivo principales, a saber, 0,1 y 2 que describen cómo se puede acceder a los recursos de datos. Filehandle 0 hace referencia a la entrada estándar de lectura STDIN del flujo de datos, mientras que filehandle 1 representa el estándarde lectura STDOUT del flujo de datosy, por último, filehandle 2 hace referencia al error estándar de lectura STDERR del flujo de datos.

La designación del descriptor de archivo se utiliza para la gestión de estos archivos y recursos del sistema Linux en el terminal de shell bash. Como ilustración, para dirigir una entrada del sistema a un comando, utilizamos el signo menor que **< como se muestra a continuación:**

[raíz de ppeters@rad-srv]$ [COMMAND] < [INPUT]

- Para enviar la salida de un comando en algún lugar distinto de la pantalla del terminal, como un archivo en el sistema o uno nuevo, utilice **> mayor que el signo**. Por ejemplo, para descartar la salida por completo, redirige el comando a /dev/null :

[raíz de ppeters@rad-srv]$ [COMMAND] > /dev/null

- Utilizamos fd 02 para dirigir los mensajes de error del programa a un archivo como se muestra a continuación:

[raíz de ppeters@rad-srv]$ [COMMAND] 2> [FILE_NAME]

- Para dirigir los mensajes de error estándar del comando Linux al mismo lugar donde se muestra la salida estándar de la consola de terminal, es decir, combinándola en una sola secuencia a través de la canalización como se muestra en el siguiente comando:

[raíz de ppeters@rad-srv]$ [COMMAND] 2>&1

Permisos de Linux File System

Se entiende que cada archivo y directorio del sistema operativo Linux pertenece a un usuario específico que posee o que creó el archivo denominado propietario, y una agrupación específica de usuarios que forman parte de un grupo en el que el creador de archivos es miembro. Los archivos, además, tienen permisos que afirman qué tareas pueden realizar se realizan en el archivo por un usuario o un grupo de usuarios.

Chmod

Un archivo o directorio Linux puede tomar tres permisos: leer, escribir y ejecutar. Para un archivo Linux tenemos 3 permisos siguientes: leer el archivo, escribir o editar el archivo, y ejecutar o ejecutar el archivo como un programa.

Para un directorio, tenemos los siguientes permisos: la capacidad de mostrar una lista del contenido del directorio, la capacidad de crear y eliminar archivos desde dentro del directorio, y la capacidad de utilizar o manipular archivos dentro del directorio del sistema de archivos. En Linux, utilizamos la utilidad chmod para modificar o modificar los permisos de archivo o directorio.

chown y chgrp

Las autorizaciones estándar de Linux no admiten listas de control de acceso que permiten intercambiar una carpeta por una intención n con una lista de usuarios con nombre. En su lugar, el administrador debe colocar a todos los usuarios de un equipo y compilar el archivo como parte del grupo de usuarios. Debido a la lista de usuarios aleatorios, los propietarios de archivos no pueden compartir archivos. Hay tres autoridades de usuario relacionadas con archivos: usuario, grupo y otros. Cada uno de ellos tiene un permiso de operador como leer,escribir y ejecutar.

Usamos el comando chown o change owner para modificar el usuario propietario del archivo o carpeta en Linux.

Los sistemas de archivos Linux permiten dos técnicas para configurar permisos con la utilidad de permisos chmod:

Tenemos el método octal, que utiliza tres ponderaciones numéricas para leer,escribir y ejecutar: a read se le asigna el peso del valor 4, mientras que a write se le asigna el peso del valor 2, y por último ejecutar es 1. El valor total de los permisos se calcula buscando la suma total de los valores ponderados donde se encuentra cada uno multiplicando el valor de usuario por 100, agrupan por 10 y, por último, otros por 1, y suman los valores correspondientes a los permisos concedidos.

Por ejemplo, 766 x 700 + 60 + 6 rwxrw-rw-:

[ppeters@rad-srv-]$ chmod 775 [FILE_NAME]

También podemos utilizar la técnica abreviada basada en el alfabeto utilizando los siguientes símbolos que representan al usuario, grupo y otros respectivamente: **u, g** u **o**. Usamos estas letras del alfabeto prefijadas por un signo más (+) o menos (-), seguido de una letra del alfabeto que representa los permisos, a saber, r para lectura,w para escritura y x para los permisos de ejecución.

El ejemplo u+x "da a un usuario permisos para ejecutar ", g-w," esta ilustración quita permisos de escritura del grupo", y o+r, "da a otros o el universo permisos de lectura":

[ppeters@rad-srv -]$ chmod g-w [FILENAME]

También podemos modificar el grupo en Linux usando el comando **chgrp,** mediante la lógica idéntica que el comando chmod.

Cuando queremos ver los permisos de archivo de cada archivo y directorio en la carpeta de trabajo actual, escribimos la siguiente declaración:

[ppeters@rad-srv]$ ls -l

[ppeters@uofzlbsrv01 etc]$ cd /

[ppeters@uofzlbsrv01 /]$ ls -l

total 16

lrwxrwxrwx. 1 raíz 7 Jul 25 10:26 bin -> usr/bin

dr-xr-xr-x. 5 raíz raíz 4096 Sep 27 11:26 arranque

drwxr-xr-x. 21 raíz raíz 3160 Aug 20 16:09 dev

drwxr-xr-x. 77 raíz 8192 Sep 27 11:23 etc.

drwxr-xr-x.   3 raíz 21 Jul 25 10:32 inicio

lrwxrwxrwx.   1 raíz 7 Jul 25 10:26 lib -> usr/lib

lrwxrwxrwx.   1 raíz 9 Jul 25 10:26 lib64 -> usr/lib64

drwxr-xr-x.   2 raíz raíz 6 Abr 11 2018 medios

drwxr-xr-x.   2 raíz raíz 6 Abr 11 2018 mnt

drwxr-xr-x.   4 raíz 44 Jul 30 15:35 opt

dr-xr-xr-x. 283 raíz 0 Aug 20 16:08 proc

dr-xr-x---.   Raíz de 5 253 Jul 30 19:47 root

drwxr-xr-x. 24 raíz raíz 800 Sep 27 11:26 ejecutar

lrwxrwxrwx.   1 raíz 8 Jul 25 10:26 sbin -> usr/sbin

drwxr-xr-x.   Raíz de raíz 6 Abr 11 2018 srv

dr-xr-xr-x. 13 raíz 0 Agosto 20 16:08 sys

drwxrwxrwt.   7 raíz 93 Sep 27 11:26 tmp

drwxr-xr-x. 13 raíz 155 Jul 25 10:26 usr

drwxr-xr-x. 19 raíz raíz 267 Jul 25 16:00 var

[ppeters@uofzlbsrv01 /]$

La lectura de la salida de un comando ls -l , el resultado drwxr-xrw- significa que tenemos un archivo de directorio (d) donde el propietario del directorio tiene permisos de lectura (r) y escritura (w) y ejecución, y el grupo tiene permisos de lectura y ejecución pero sin permisos de escritura y, por último, otros tienen permisos de lectura y escritura.

Listado o búsqueda de archivos

Comando Ls

El comando ls enumera el contenido que puede ser archivos o directorios en el directorio de trabajo actual. Tenemos una serie de opciones o interruptores que podemos usar con el comando ls. El modificador más utilizado es el indicador -l utilizado para mostrar una lista de archivos y directorios y sus permisos inherentes. También tenemos la opción -una bandera que muestra todos los archivos y directorios, incluyendo los archivos de puntos:

[raíz de ppeters@rad-srv]$ ls -la

También podemos mostrar una lista de los archivos clasificados por tamaño:

[ppeters@uofzlbsrv01 /]$ ls -Slr

total 16

dr-xr-xr-x. 13 raíz 0 Agosto 20 16:08 sys

dr-xr-xr-x. raíz 281 raíz 0 agosto 20 16:08 proc

drwxr-xr-x.   Raíz de raíz 6 Abr 11 2018 srv

drwxr-xr-x.   2 raíz raíz 6 Abr 11 2018 mnt

drwxr-xr-x.   2 raíz raíz 6 Abr 11 2018 medios

lrwxrwxrwx.   1 raíz 7 Jul 25 10:26 lib -> usr/lib

lrwxrwxrwx.   1 raíz 7 Jul 25 10:26 bin -> usr/bin

lrwxrwxrwx.   1 raíz 8 Jul 25 10:26 sbin -> usr/sbin

lrwxrwxrwx.   1 raíz 9 Jul 25 10:26 lib64 -> usr/lib64

drwxr-xr-x.   3 raíz 21 Jul 25 10:32 inicio

drwxr-xr-x.   4 raíz 44 Jul 30 15:35 opt

drwxrwxrwt.   7 raíz 93 Sep 27 11:26 tmp

drwxr-xr-x. 13 raíz 155 Jul 25 10:26 usr

dr-xr-x---.   Raíz de 5 253 Jul 30 19:47 root

drwxr-xr-x. 19 raíz raíz 267 Jul 25 16:00 var

drwxr-xr-x. 24 raíz raíz 800 Sep 27 11:26 ejecutar

drwxr-xr-x. 21 raíz raíz 3160 Aug 20 16:09 dev

dr-xr-xr-x.   5 raíz raíz 4096 Sep 27 11:26 arranque

drwxr-xr-x. 77 raíz 8192 Sep 27 11:23 etc.

[ppeters@uofzlbsrv01 /]$

También podemos mostrar los nombres de archivo de los 5 archivos más recién cambiados que terminan con la extensión .conf como se muestra a continuación:

[raíz de ppeters@rad-srv]$ ls -tr *.conf - cola -5

Encontrar
Esta utilidad o comando se utiliza para buscar archivos en un directorio:

> [raíz de ppeters@rad-srv]$ encontrar <DIRECTORY> - name <FILENAME>

Que
Para buscar binarios de comandos en variables PATH:

> [raíz de ppeters@rad-srv]$ que es

Whereis
Para buscar cualquier archivo en cualquiera de los directorios:

> [ppeters@rad-srv root]$ whereis <FILENAME>

Localizar
Este comando busca archivos por nombre (utilizando la base de datos de slocate):

> [ppeters@rad-srv root]$ localizar <FILENAME>

En Linux puede probar si existe un archivo:

[raíz de ppeters@rad-srv]$ test -f <FILENAME>

Creación de archivos y directorios

Mkdir

El comando mkdir crea un directorio. El indicador más útil es -p que crea la ruta completa de los directorios en caso de que no exista:

[raíz de ppeters@rad-srv]$ mkdir -p dir_name

Cp

En Linux, podemos copiar archivos desde el árbol de directorios mediante el uso del comando cp. Podemos utilizar el comando cp con el switch -a flag para conservar todos los metadatos del archivo:

[raíz de ppeters@rad-srv]$ cp -a source_file dest_file

Intriguingly, shell commands bounded by **$()** can be executed and the resulting output of the instructions is exchanged for the paragraph and can be used as part of another command in the terminal and illustrated below:

[raíz de ppeters@rad-srv]$ cp $(ls -rt *.conf - cola -5) dest_file

empujado y popd

El comando pushd utility o Linux shell almacena el directorio actual en ejecución en el almacenamiento del equipo Linux para que pueda restaurarse para su uso cuando lo desee, opcionalmente cambiando a un nuevo directorio:

[ppeters@rad-srv root]$ empujado a /Escritorio/

La utilidad popd de Linux vuelve a la ruta en la parte superior de la pila de carpetas del sistema de archivos Linux.

En

En Linux, podemos vincular y conectar archivos con diferentes nombres con el comando ln. Podemos crear enlaces blandos y duros. Para crear un enlace simbólico (suave) utilizamos el modificador de opción -s de Linux como se ilustra a continuación:

[raíz de ppeters@rad-srv]$ ln -s destino name_of_link

Dd

dd es un comandodeLinux - utilidad delínea utilizada para copiar y convertir archivos. dd significa copia y conversión utilizada para copias de disco a disco. Este comando es muy útil para crear copias de espacio en disco sin procesar. Podemos utilizar la utilidad dd para la copia de seguridad en Linux, especialmente cuando estamos haciendo copias de un registro de arranque maestro completo como se muestra a continuación:

[raíz de ppeters@rad-srv]$ dd if/dev/had of-had. mbr bs-512 conteo-1

También podemos utilizar dd para hacer copias de una unidad de disco en una alternativa:

[ppeters@rad-srv root]$ dd if/dev/had of/dev/hdb

Disk and Network Management Utilities

Du

Esta es la utilidad de uso de disco que muestra cuánto espacio en disco se utiliza para cada archivo:

[raíz de ppeters@rad-srv]$ du -ah

Podemos modificar nuestro comando para mostrar sólo los archivos ordenados y 15 más grandes en el directorio de trabajo actual utilizando el siguiente comando:

[raíz de ppeters@rad-srv]$ du -a -rn - cabeza -15

También podemos modificar los comandos y agregar opciones que ayudan a mostrar todos los subdirectorios que están ocupando mucho espacio en disco:

[raíz de ppeters@rad-srv]$ du --max-depth-1 - clasificación -k1 -rn

Df

Esta utilidad o comando df sin disco muestra la cantidad de espacio en disco en el sistema de archivos. El nombre, el tamaño, la cantidad que se ha utilizado, la cantidad de accesible, la relación de uso y dónde se instala son todas las filas de cada sistema de archivos. Tenga en cuenta que los valores no se agregan porque los sistemas de archivos Unix tienen sitios web de memoria protegidos que solo pueden ser escritos por el consumidor del kernel.

[raíz de ppeters@rad-srv]$ df -h

fconfig

El ifconfig que significa configuración de la interfaz es el comando networking usado para marcar y configurar su interfaz de red Linux como se muestra abajo:

[raíz de ppeters@rad-srv]$ ifconfig

Cavar

La utilidad dig es una utilidad de búsqueda DNS que está relacionada con la utilidad Nslookup en el sistema operativo Windows. La utilidad dig se utiliza para comprobar si nuestro servidor DNS está resolviendo nombres

Netstat

La utilidad Netstat de Linux muestra todas las asociaciones de red, la tabla de enrutamiento de red y las estadísticas de la interfaz de red. Tenemos un gran número de interruptores u opciones para usar con netstat que son -t switch para TCP, -u switch para UDP, -l switch para escuchar, -p switch para el programa,-n para numérico. La siguiente ilustración muestra el comando netstat con las opciones:

[raíz de ppeters@rad-srv]$ netstat -tulpn

Para conectarnos al servidor o sistema Linux   podemos utilizar telnet. El ejemplo abajo muestra el telnet en el localhost en el puerto 67:

[raíz de ppeters@rad-srv]$ telnet localhost 67

Lsof

El comando lsof se utiliza para enumerar los archivos abiertos recuerdan que todo en Linux se considera un archivo en Linux:

[raíz de ppeters@rad-srv]$ lsof <STRING>

Para ver los puertos TCP abiertos:

[raíz de ppeters@rad-srv]$ lsof - grep TCP

Para ver los puertos IPv4:

[raíz de ppeters@rad-srv]$ lsof -Pnl +M -i4

Registros

En Linux, el recurso de registro regular se puede encontrar en la ruta /var/log. Por ejemplo:

o /var/log/boot.log contiene toda la información que se registra cuando se inicia el sistema.

o /var/log/auth.log contiene todos los registros de autorización del sistema.

o /var/log/dmesg este archivo contiene los detalles registrados del búfer de anillo del kernel.

El archivo /etc/rsyslog.conf este archivo controla lo que va dentro de los archivos de registro.

La carpeta /etc/services es un archivo ASCII sin formato que proporciona una asignación entre los nombres de texto descriptivos para los servicios de Internet y sus números de puerto y tipos de protocolo asignados subyacentes. Para comprobarlo:

[raíz de ppeters@rad-srv]$ gato /etc/servicios

[raíz de ppeters@rad-srv]$ grep 110 /etc/services

Para ver lo que el sistema está registrando:

[raíz de ppeters@rad-srv]$ lastlog

Capítulo 2

Introducción a el Hackeo

Computer Systems Hacking se refiere a operaciones orquestadas para comprometer dispositivos digitales, como computadoras portátiles, teléfonos inteligentes y digitales, tabletas e incluso redes informáticas enteras. El hackeo no siempre está destinada a fines maliciosos; hoy en día casi todas las referencias a el hackeo y los piratas informáticos lo describen como una actividad ilegal por piratas informáticos que están motivados por la ganancia monetaria, protestas políticas, la recolección de información ilegalmente a través del espionaje, y así sucesivamente.

En esencia, el hackeo significa cambiar las características del sistema informático para lograr un objetivo más allá del propósito original del sistema de TI creado. La admisión no aprobada y no aprobada a los datos de un sistema de tecnología de la información o de un ordenador es el significado más básico del hackeo.

En un elemento metódico, material o individual, el hackeo manipula tanto las comprobaciones y controles de seguridad del sistema como del ordenador. Un hacker es una persona que está implacablemente involucrado en el hackeo y ha aceptado el hackeo como su propia forma de vida y punto de vista de su propia elección. El hackeo informática es hoy en día el tipo más común de piratería, particularmente en ciberseguridad. La enorme conciencia de los medios de comunicación otorgada a los hackers sombrero negro está impulsando el crecimiento de la ciberdelincuencia y el crecimiento del hackeo.

Sin embargo, hay dos significados del término "hackeo". La definición principal se refiere a la profesión informática aficionado. La descripción subsiguiente se refiere a la alteración o modificación del hardware o software de la computadora de una manera que altera el propósito original de los diseñadores del sistema. Es el arte de la trama utilizando computadoras para obtener privilegios para acceder a datos restringidos. Dado que el mundo utiliza sistemas de TI para recopilar, almacenar y manipular datos e información críticos, es imperativo garantizar que la información sea segura. Sin embargo, ningún sistema está sin problemas. Los sistemas de seguridad a menudo contienenagujeros,que permiten a los piratas informáticos acceder a la información de otro modo limitada si se utiliza.

¿Por qué Do People Hack?

Una de las preguntas señaladas que seguimos recibiendo recurrentemente de los usuarios, así como las empresas es, ¿por qué los hackers hackean?

Cuando alguien intenta acceder a los sistemas informáticos de otras personas con el fin de dañar o alterar información o datos significativos, dicha actividad se describe como piratería y el individuo que es responsable de este acto se llama un hacker. Las actividades de piratería supuestamente no se basan en ninguna lógica. Los hackers en su lugar tratan de experimentar y mostrar su experiencia en TI y brillo mediante la obtención de acceso no autorizado e infectar otros sistemas informáticos con virus. El hackeo se hace principalmente para mostrar el increíble Linux de un hacker, sistemas informáticos y habilidades de programación y demostrar sus habilidades increíbles para explotar los ordenadores para hacer sus ofertas. Observando las razones del hackeo, lógicamente podemos concluir que el hackeo se hace con el objetivo principal de adquirir información crítica de los sistemas de TI y un deseo inherente de interrumpir los sistemas a través de infecciones virales.

De la investigación y el seguimiento de muchos hackers, descubrimos que hay varios motivos por qué los hackers realizan un hack. Los hackers hackearon sitios web o derribaron servicios en los primeros días de Internet sólo para mostrar que podrían romper un sistema. Por lo tanto, se podría decir que se trataba más sobre el ego del hacker o mostrar, o a veces simplemente tratando de señalar que el sistema de TI o el servicio podría nalgas. Es mucho más complejo en estos días y también lo son los motivos detrás de todas estas actividades de hacking.

En las siguientes secciones vamos a poner a cabo las principales razones que se cree que están detrás de todas las actividades de hacking.

Para robar información

Uno de los motivos más comunes de los hackers para el hackeo es robar información personal u importante organizacional. Estos podrían ser los datos e información de sus clientes, su personal interno o incluso sus datos privados específicos de la empresa. Estos son casos en los que los hackers suelen ir tras grandes objetivos con el fin de obtener la mayor atención.

El truco Ashley Madison o el hack de la aplicación Starbucks son algunos de los mejores ejemplos. Los hackers entraron en la base de datos de clientes de Starbucks en el hack Ashley Madison y tuvieron acceso a todos los datos, incluyendo fotos privadas de celebridades populares. Este incidente ha sido una importante sacudida de Internet que también ha afectado a la vida privada de muchas personas.

Los hackers a menudo también roban los datos personales del usuario para asumir su identidad social, y luego utilizan esos datos para otra cosa, como transferencias de dinero, préstamos, etc. Después de que la banca por Internet y la banca móvil comenzaron a ser más comunes, tales incidentes han aumentado. El potencial de ganancias financieras a través del hackeo también ha aumentado con el desarrollo de teléfonos inteligentes y dispositivos móviles.

Muchas grandes corporaciones como Sony, Yahoo, Equifax y eBay han caído bajo esta trampa de hacking. Aunque se ha prestado mucha atención de los medios de comunicación a el hackeo de estas empresas, la mayoría de las empresas todavía creen que esto no les sucederá.

Para interrumpir los servicios

Los hackers simplemente disfrutan de derribar algo y luego dejar una declaración en el sitio web hackeado, pero, al generar bots que dominan un ordenador con demasiadas solicitudes como el tráfico, los hackers han derribado efectivamente muchos servicios e infraestructura de TIC, lo que conduce a una accidente del sistema. Se conoce como el ataque de denegación de servicio comúnmente llamado DoS y puede, durante un cierto tiempo, detener completamente el sitio web de una empresa. Los ataques dDoS o de denegación de servicio distribuido también tienen lugar hoy en día, utilizando varios sistemas infectados para descargar un único sistema importante que conduce a una denegación de servicio.

Hay muchos otros métodos, tales como la infección por correo electrónico o de otra manera de una gran red con software malicioso, que puede conducir a una reacción en cadena que afecta a toda la red.

Los ataques de interrupción del servidor suelen tener motivos personales propios. Se trata principalmente de hacer que un servicio o sitio web sea ineficaz. También a veces podría ser acerca de conducir un punto a casa.

Just to Make a Point

Los hackers que encajan en este grupo son muy emocionantes. No les interesa el dinero ni los datos. Parecen tener un objetivo mayor en la vida. Están tratando de robar datos o interrumpir su red para probar un punto.

Una vez más, volviendo al hack Ashley Madison, los piratas informáticos tenían acceso a la información de la cuenta de 32 millones de clientes, pero antes de que hicieran esto público, los piratas informáticos dejaron un mensaje en el sitio web para decirle a todos lo que estaban haciendo. También declararon lo que pensaban sobre el sitio web y por qué creían que un servicio como este era inmoral.

El hackeo como herramienta de aprendizaje

Hacking lleva a varias personas a desarrollar software nuevo y mejor que puede mejorar dramáticamente el mundo electrónico. Aunque el hackeo es una competencia diversa, aquellos que hackean más tiempo tendrán éxito porque saben cómo funcionan las computadoras y cómo han cambiado con el tiempo. Los hackers éticos utilizan su experiencia para ayudar a mejorar las vulnerabilidades del sistema, el hardware y el software.

Los hackers éticos provienen de una amplia gama de orígenes. Los hackers ex-nefastos que deciden sus intenciones son ayudar a prevenir daños a las corporaciones por grietas en su seguridad son el mejor ejemplo. Estas empresas pagan a sus hackers éticos bien, ya que proporcionan un servicio que puede ser bueno para detener daños y pérdidas significativas.

Las corporaciones individuales que necesitan protección avanzada pueden emplearlas, mientras que otras pueden ser contratadas por diseñadores de software que llegarán a millones de personas en todo el mundo.

Para obtener beneficios financieros

Esto es generalmente lo que todo el mundo tiene miedo. En el momento en que han sido comprometidos y un hacker está exigiendo dinero en efectivo, hemos visto muchas corporaciones que van a expertos en seguridad. Los hackers no sólo se infiltran en las empresas y la demanda derescate, sino que también intentan hackear las cuentas de usuario normales e intentan aprovechar la banca en línea, el comercio de Internet y todo lo que implica operaciones financieras.

En los últimos años vimos el asalto ransomware más grande llamado WannaCry donde millones de dispositivos fueron hackeados en todo el mundo y los clientes tuvieron que depositar un rescate para obtener acceso a su PC..

Para fines sociales

También hay un objetivo particular que impulsa a muchos hackers. Esto sale de vez en cuando sólo cuando son capturados. Algunos de ellos se esfuerzan por ser idealistas y exponer prejuicios e injusticias en nuestras sociedades, algunos tienen intenciones políticas, algunos objetivos públicos fáciles. Un gran caso es una comunidad hacktivista llamada Anonymous que ha sido famosa en todo el mundo por cuestionar muchos regímenes y derribarlos. Con el fin de fomentar una ideología específica, estos hackers pueden apuntar a las comunidades religiosas, regímenes y movimientos.

¿Qué es un Hacker?

Hacker es un término utilizado para significar un programador de computadoras inteligentes, aunque algunos implican el término de una persona que se esfuerza por hackear los sistemas de tecnología informática. En una visión más tecnológica, un hacker es un individuo que explota equipos de TIC como computadoras, equipos de redes y otras técnicas de programación para resolver la tecnología de la información y otros problemas técnicos. La palabra hacker puede aplicarse a las personas que son expertas en tecnología, pero a menudo se relaciona con aquellos que utilizan su capacidad para entrar en dispositivos y redes ilegales con el propósito de cometer offenses o probar las vulnerabilidades del sistema para ayudar a las organizaciones. Por ejemplo, los ciberdelincuentes pueden robar le a las personas su identidad personal, dañar o socavar los sistemas de información y a menudo mantienen esas plataformas como rehenes para proteger el dinero.

Históricamente, la palabra "hacker" era divisiva y se utilizaba a veces como una palabra para admirar a una persona con la capacidad y la creatividad para abordar problemas técnicos. La palabra se utiliza con más frecuencia para identificar a cualquier persona que utiliza esta capacidad técnica por razones ilegales o poco éticas.

Tipos de hackers

Informalmente, la comunidad de seguridad utiliza los colores de los sombreros como una forma de identificar distintos tipos de hackers, generalmente divididos en tres tipos a saber; un sombrero blanco, un sombrero negro y un hacker sombrero gris.

Los hackers de sombreroblanco, también reconocidos como hackers éticos, están tratando de trabajar en el mayor interés del público en lugar de causar caos. La mayoría de los hackers de sombrero blanco están haciendo pruebas de penetración para tratar de entrar en las redes de una organización para identificar y revelar vulnerabilidades de seguridad. Las empresas de seguridad ayudan a sus clientes a aliviar los problemas de seguridad antes de que puedan ser explotados por hackers criminales.

Intencionalmente, **Black Hat Hackers** obtendrá nacones ilegales a las redes corporativas y sistemas de aplicaciones, ya sea para robar información, difundir malware, ransomware, vandalizar o incluso dañar los sistemas informáticos o, para cualquier propósito,incluso sólo para lafama. Los hackers de sombrero negro se definen como criminales porque violan las leyes y regulaciones al acceder a los sistemas sin permiso; también pueden participar en varias otras actividades ilícitas, incluyendo robo de identidad y ataques de denegación de servicio.

Los hackers conocidos como **hackers Sombrero Gris** son un grupo de hackers que están entre White Hat y Black Hat hackers. Aunque pueden tener motivos similares a los hackers de sombrero blanco, los sombreros grises son más susceptibles a acceder a los sistemas sin permiso que los hackers de sombreroblanco. Al mismo tiempo, es más probable que eviten daños innecesarios a los sistemas de tipo hacker que los hackers de sombrero negro. Mientras que no son típicamente dinero-impulsados, los hackers de sombrero gris pueden ofrecer para arreglar sus propias vulnerabilidades no autorizadas en lugar de utilizar su experiencia para explotar las vulnerabilidades con fines de lucro ilegal.

Hacker vs. Cracker

El término "hacker" fue utilizado por primera vez en la década de 1960 para un programador o individuo que podría aumentar la eficiencia del código informático en una era con capacidades informáticas muy limitadas para que el exceso de instrucciones de código informático fueron eliminados o"hackeados"del programa. A lo largo de los años, ha evolucionado en una persona con habilidades avanzadas de computación, redes, programación o hardware.

El término "hacker" se aplica mejor a muchos en tecnología, pero con el tiempo el término se ha utilizado para las personas que utilizan sus habilidades de una manera maliciosa. El término "rascador" para hackers criminales fue propuesto para contrarrestar la tendencia de etiquetar a los tecnólogos calificados como criminales, con el propósito de eliminar el estigma de ser etiquetado como un hacker.

Dentro del dominio hacker-cracker, los piratas informáticos detectan y clasifican las debilidades en los sistemas de seguridad, incluidos los expertos en seguridad, que tienen la tarea de identificar y remediar los fallos del sistema. Por otro lado, los crackers están tratando de infringir la seguridad del ordenador y de la red para aprovechar esos mismos defectos.

Aunque los tecnólogos han promovido el uso del término cracker a lo largo de los años, es común que se utilice sombrero blanco, sombrero gris o sombrero negro para distinguir entre hackers de diferentes motivaciones. El término cracker no ha encontrado mucha tracción en uso general.

¿Qué es Cracking?

El agrietamiento es el acto de violar un sistema informático en red. Un cracker puede hacer esto, nefastamente para beneficio financiero, solo por un bien o una causa, o porque existe el desafío.

El agrietamiento no suele implicar un misterioso salto de brillantez de hackers, contrario a un mito generalizado, sino más bien perseverancia y la obstinada repetición de algunos trucos bastante famosos que explotan las debilidades comunes en la seguridad del sistema objetivo. Por lo tanto, la mayoría de las galletas son sólo hackers mediocres. Estas dos condiciones no deben confundirse. Los hackers suelen evitar y odiar el agrietamiento.

¿Qué es la prueba de penetración?

Con el fin de mejorar la capacidad de defensa de los sistemas, las pruebas de penetración utilizan las herramientas y técnicas de los agresores maliciosos para identificar y explotar las debilidades en un sistema. Las pruebas de penetración requieren curiosidad, inteligencia y una voluntad de empujar los límites de lo que es posible.

Las pruebas de penetración, también llamadas pruebas de lápiz, es un ejercicio de seguridad en el que un hacker ético o un experto en seguridad intenta identificar o explotar las vulnerabilidades del sistema informático. El objetivo de este ataque simulado es detectar cualquier punto débil en las defensas de un sistema TIC que los atacantes podrían utilizar.

Es como un banco que emplea a alguien como ladrón e intenta entrar y entrar a la bóveda. El banco obtendrá información valiosa sobre cómo endurecer las medidas de seguridad si tiene éxito y entra en el banco o en la bóveda.

¿Quién realiza pruebas de penetración?

Lo mejor de todo es que alguien con poco o ningún conocimiento previo de cómo se desarrolla y se asegura el sistema puede hacer una prueba de lápiz, ya que pueden exponer los puntos ciegos que los desarrolladores que construyeron el sistema se perdió. Por lo tanto, los experimentos generalmente son llevados a cabo por consultores externos. Estos consultores se conocen a menudo como "hackers éticos", ya que se emplean con autorización para acceder a un sistema con el fin de mejorar la seguridad.

Muchos hackers éticos son ingenieros sofisticados y certificados para la pluma-pruebas. Algunos de los hackers éticos más grandes, por otro lado, son autoentrenados. De hecho, algunos de ellos son hackers convertidos que ahora utilizan sus conocimientos para resolver las debilidades de seguridad en lugar de manipularlas. El mejor solicitante para realizar un examen de penetración puede diferir significativamente en función del negocio de destino y qué tipo de examen de pluma desea iniciar.

Tipos de pruebas de penetración

Pruebas de penetración de la caja negra

El hacker probablemente no entenderá todos los entresimientos de la infraestructura de TI de una empresa en un verdadero ataque cibernético. Por lo tanto, con el fin de intentar identificar una vulnerabilidad o deficiencia, se están aferrando a la infraestructura de TI mediante un ataque de fuerza bruta.

En otros casos, no se proporcionan detalles sobre el funcionamiento interno del sistema específico y la infraestructura de red, ni su código fuente o arquitectura de software en este tipo de prueba de penetración. Por lo tanto, este tipo específico de prueba puede tardar mucho tiempo, por lo que el probador de pruebas se basa en procesos automatizados para detectar las debilidades y vulnerabilidades en una medición completa. Este tipo de prueba también se conoce como el método "trial and error".

Pruebas de penetración de la caja blanca

El probador tiene un conocimiento completo y acceso tanto al código fuente como a las arquitecturas de software de la aplicación web en este tipo de prueba de lápiz, también llamada "Clear Box Testing." Esto significa que, en comparación con una prueba de Black Box, una prueba de white Box se puede hacer en un marco de tiempo mucho más rápido. El otro beneficio de esto es la capacidad de llevar a cabo una prueba de pluma mucho más detallada.

Pero también hay muchos inconvenientes en esta metodología. En primer lugar, como un revisor tiene un entendimiento completo, puede tomar más tiempo decidir qué concentrarse en las pruebas del sistema y la evaluación de componentes. En segundo lugar, se necesitan instrumentos más avanzados, como analizadores de código de software y depuradores, para llevar a cabo este tipo de experimento.

Pruebas de penetración de cajas grises

Como sugiere el título, la caja negra y la prueba de la caja blanca combinan este tipo de prueba. En otras palabras, sólo una parte de los componentes internos del system es conocido por el probador de penetración. A menudo esto se limita a acceder al código de software y a los diagramas de arquitectura del sistema.

Los procedimientos de prueba manuales y automatizados se pueden utilizar con la prueba de caja gris. Este enfoque permite al pentester centrar sus principales esfuerzos en aquellas áreas que más conoce y explotar todas las debilidades y vulnerabilidades, y a partir de ahí. Hay una mayor probabilidad de que también se puedan encontrar "agujeros de seguridad", pero es más difícil localizarlos utilizando esta técnica específica.

Enetration Test encubierto P

Esto también se conoce como un " examen de penetración de doble ciego". Nadie en la empresa sabe que la prueba de penetración se está llevando a cabo, incluidos los expertos en TI y los trabajadores de seguridad que responden a este ataque. Para los controles secretos, con el fin de evitar problemas con el cumplimiento de la ley el hacker debe tener el alcance y otra información de prueba por adelantado.

Enetration Test pexterno

El hacker ético va en contra de latecnología externa-frentea la organización, como el sitio web de la empresa y servidores de red de terceros, en una prueba de penetración externa. Puede que ni siquiera sea posible para el hacker para entrar en el edificio de la empresa en algunos casos. Esto puede significar atacar desde un lugar remoto o realizar pruebas mientras estás en un vehículo o coche aparcado cerca.

Enetration Interno P Test

Una prueba interna es realizada por un hacker ético de la red interna de la empresa. Este tipo de prueba es útil para evaluar cuánto daño puede ser causado por un empleado poco sólido y descontento de detrás del cortafuegos.

Capítulo 3

Introducción a Kali Linux

K ali Linux es un sistema de auditoría de seguridad Linux basado en Debian, listo para el negocio. Kali Linux está diseñado para que los administradores de sistemas de TI y especialistas en seguridad lleven a cabo pruebas complejas de penetración, evaluaciones forenses y auditorías de seguridad de TI.

Kali Linux ha sido utilizado por entusiastas de la seguridad, expertos profesionales en varias áreas de interés de TI que incluyen pruebas de penetración del sistema, forense digital, ingeniería inversa del sistema y pruebas de vulnerabilidad. Esto culminó con años de ingenio, así como el desarrollo continuo del sistema y la mejora que abarca desde Whoppix hasta Backtrack y hasta ahora el marco de prueba de penetración completo impulsado por Debian GNU/Linux y la vibrante sociedad decódigo abiertoen todo el mundo.

No es un conjunto sencillo de herramientas de seguridad, sino más bien un marco versátil que profesionales, profesionales de la seguridad del sistema, hackers y estudiantes pueden utilizar para probar sus sistemas de tecnología de la información para cualquier vulnerabilidad y lagunas de seguridad.

El propósito principal de Kali Linux

Aunque el objetivo de Kali puede resumirse rápidamente como evaluaciones de penetración y auditorías de seguridad, detrás de esas operaciones hay muchos trabajos distintos. Kali Linux está construido como un marco, ya que hay varias herramientas que cubren tareas distintas que definitivamente se pueden utilizar a lo largo de una prueba de penetración en conjunto con otros trabajos.

Por ejemplo, Kali Linux se puede utilizar en varios tipos de PC; claramente en el ordenador portátil de los probadores de intrusión, pero también en los servidores del personal de soporte del sistema, con la intención de supervisar su red, en estaciones de trabajo de analizadores forenses, etc., endispositivos robustos, integrados, por lo general con CPU ARM. Muchos aparatos ARM, debido a los pequeños factores de forma y sus bajas demandas de energía, también son máquinas de asalto ideales. Kali Linux también se puede utilizar en la nube con el fin de construir rápidamente una granja de teléfonos móviles y dispositivos para permitir pruebas de penetración realmente portátiles.

Sin embargo, eso no es todo; las pruebas de penetración también requieren que los servidores, para utilizar el software de colaboración en un equipo de probadores de penetración, para configurar un servidor web para su uso en campañas de phishing, para administrar herramientas para analizar vulnerabilidades y actividades relacionadas.

Una vez que inicie Kali pronto descubrirá que el menú principal de Kali Linux se organiza temáticamente a través de varios tipos de tareas y actividades, que son relevantes para los probadores de lápices y otros profesionales de la seguridad de la información.

Usuarios de Kali Linux

Kali Linux es genuinamente uno de los pocos sistemas operativos distintos que los hombres buenos y malos utilizan públicamente. Sombrero blanco, sombrero gris, sombrero negro hackers y administradores de seguridad todos utilizan este sistema operativo en gran medida. Uno para identificar y prevenir infracciones, y el otro para detectar y potencialmente aprovechar estas infracciones de seguridad. Kali Linux es el cuchillo del ejército suizo en todos los kits de herramientas de seguridad debido a la cantidad de herramientas instaladas y precargadas en el sistema operativo.

Usuarios profesionales de Kali Linux

1. Administradores de seguridad de sistemas: estos profesionales de TI son responsables de proteger la información y los datos de sus organizaciones. Utilice Kali Linux para comprobar su(s) entorno(s) y garantizar que las vulnerabilidades no se descubren fácil y rápidamente.

2. Administradores de redes de TI: estos profesionales son responsables de mantener la red segura y eficaz. Para inspeccionar la red, utilice Kali Linux. Kali Linux, por ejemplo, es capaz de identificar servidores dhcp no

autorizados y puntos de acceso no autorizados dentro de una red..

3. Arquitectos de red de TI: estos expertos arquitectos de red diseñan configuraciones de red protegidas. Utilizan Kali Linux para comprobar sus primeras representaciones y para asegurarse de que no pasan por alto o configuran mal nada..

4. Probadores de penetración de seguridad: estos expertos y entusiastas de TI utilizan Kali Linux para auditar entornos de sistemas de TI y recopilar información y obtener una comprensión de los entornos empresariales que se emplean para comprobar..

5. Directores de seguridad de la información - Estos utilizan Kali Linux para inspeccionar su lugar de trabajo internamente y para averiguar si se han implementado las últimas aplicaciones o programas o configuraciones incorrectas.

6. Ingenieros forenses digitales – Kali Linux tiene un 'Modo forense' que permite a un ingeniero forense en algunos casos para descubrir y recuperar información.

7. White Hat Hackers – Kali Linux es utilizado por esos hackers excelentes expertos como Probadores de Penetración para auditar vulnerabilidades en un entorno del sistema y encontrarlos.

8. Black Hat Hackers – Estos hackers informáticos expertos utilizan Kali Linux para identificar y explotar los defectos de seguridad. Kali Linux también tiene innumerables aplicaciones de ingeniería social que un Black Hat Hacker puede utilizar para afectar a una organización o persona.

9. Gorra Gris Hackers – Acostado entre sombrero blanco y negro sombrero hackers. Van a utilizar Kali Linux en las mismas técnicas que los dos anteriores

Tilidades Kali Linux U

Para el hacker, Kali Linux Security Distribution se compone de más de 600 herramientas de prueba de penetración precargadas y utilidades para su uso. Cada una de las herramientas de aplicación precargadas viene con su adaptabilidad distintiva y caso de uso. Kali Linux separa todas estas utilidades únicas y bien-desarrolladas en las categorías detalladas a continuación:

- Recopilación de información

- Análisis de vulnerabilidades

- Ataques inalámbricos

- Aplicaciones web

- Herramientas de explotación

- Pruebas de estrés

- Herramientas forenses

- Sniffing & Spoofing

- Ataques con contraseña

- Mantenimiento del acceso

- Ingeniería inversa

- Herramientas de informes

- Piratería de hardware

Esta sección del libro es un adelanto de estas categorías de utilidades Kali Linux y lo que están tratando de lograr.

Recopilación de información

La recopilación de información es uno de los pasos más eminentes y críticos en el hackeo exitosa. Cualquier prueba de penetración efectiva, auditoría de seguridad y evaluación de vulnerabilidades se basan en un sólido conocimiento e información sobre su objetivo. Si no recopilas datos correctamente, es posible que termines apuntando a dispositivos aleatorios que no son susceptibles a tus ataques. La recopilación de datos sobre una red local o global dirigida y su estructura, identificación de computadoras, sus sistemas operativos y los servicios que operan en la máquina son muy críticos. Identificación de componentes del sistema de información posiblemente delicados. Cualquier hacker experimentado tiene que recopilar información utilizando una gran cantidad de herramientas para entender mejor su objetivo.

Análisis de vulnerabilidades

Prueba rápida si hay una serie de susceptibilidades conocidas o configuraciones inseguras que afectan a una máquina local o remota. El detector de vulnerabilidades utiliza registros con miles de especímenes para reconocer posibles vulnerabilidades.

Análisis de aplicaciones web

Identificación de defectos en las configuraciones de aplicaciones de Internet y la seguridad. Identificar y mitigar estos problemas es esencial teniendo en cuenta que estas aplicaciones' accesibilidad pública hace que sean objetivos adecuados para los atacantes.

Evaluación de la base de datos

Los ataques de base de datos son un vector muy popular para los atacantes desde la inyección SQL hasta las autorizaciones de ataque. Aquí puede encontrar herramientas para probar vectores de ataque desde la inyección SQL hasta la extracción y evaluación de información.

Ataques con contraseña

Los esquemas de autenticación son siempre un vector para el ataque. Puede encontrar muchas herramientas útiles aquí, desde herramientas de búsqueda de contraseñas de Internet hasta ataques sin conexión contra esquemas de codificación o hash.

Ataques inalámbricos

La existencia generalizada de redes inalámbricas implica que siempre serán un vector frecuentemente atacado. Con su amplio espectro de soporte para varios dispositivos de cable, Kali es una opción clara para ataques contra varios tipos de redes inalámbricas.

Ingeniería inversa

La ingeniería inversa es una empresa multipropósito. En la asistencia de tareas ofensivas, es una de las principales técnicas de detección y explotación de vulnerabilidades. En la mano de la protectora, se analiza el malware utilizado en los asaltos dirigidos. En esta capacidad, el objetivo es definir las capacidades de un objeto de artesanía especificado.

Herramientas de explotación

El uso de una debilidad (anteriormente reconocida) o obtener beneficios de ella le permite obtener energía sobre una máquina (o aparato) distante. Esta entrada se puede utilizar para ataques de escalamiento de servicios públicos adicionales, ya sea localmente en el equipo afectado o en otros equipos disponibles en su red local. Esta gama incluye una gama de instrumentos e instrumentos que simplifican el proceso de escritura para sus propios logros.

Sniffing & Spoofing

A menudo es ventajoso para un intruso para obtener la entrada en el sistema de información a medida que se mueven a través de la red informática. Aquí puede descubrir métodos de suplantación de identidad para hacerse pasar por una persona legal, así como sistemas de sniffing para capturar y analizar información directamente desde el alambre. Estos instrumentos pueden ser muy fuertes cuando se utilizan juntos.

Post explotación

Cuando usted tiene acceso al sistema informático, a menudo querrá mantener ese nivel de admisión o extender la autoridad yendo lateralmente a través de la red. Las herramientas que ayudan a alcanzar estos objetivos se pueden descubrir aquí.

Digital Forensics

La configuración de arranque virtual de Linux forense ha sido muy común durante años. Kali incluye un gran número de herramientas forenses comunes basadas en Linux que le permiten hacer todo, desde el triaje original, el procesamiento de información, la evaluación completa y la gestión de problemas.

Herramientas de informes

Sólo después de que se han registrado los resultados se ha terminado una prueba de penetración. Esta clasificación incluye herramientas para ayudar a recopilar si la información de las herramientas de recopilación de datos, encontrar interacciones no evidentes y poner todo junto en diferentes informes.

Herramientas de ingeniería social

La posibilidad de explotar el comportamiento humano como vector de ataque a menudo ocurre cuando la parte técnica está bien asegurada. Debido al impacto correcto, a menudo es posible inducir a las personas a llevar a cabo actividades que sacrifiquen la seguridad ambiental. ¿Ha habido un PDF benigno en la llave USB que el secretario acaba de conectar? ¿O fue un caballo de Troya el que creó una puerta trasera también? ¿Se acaba de prever la página bancaria del contable en la base de datos o se utilizó un buen duplicado por razones de phishing? Esta clasificación incluye instrumentos para ayudar con este tipo de asaltos.

Servicios del sistema

Esta clase Kali Linux consta de las herramientas que le permiten iniciar y detener los servicios del sistema que son sólo programas Linux que se ejecutan en segundo plano del sistema.

Principales características de Kali Linux

Esta distribución de hacking Linux comprende una variedad integrada de alrededor de 400 herramientas del sistema de aplicaciones hechas a propósito para la agrupación específica de usuarios que pueden ser administradores de sistemas, expertos en seguridad de Linux, probadores de penetración y muchas otras TIC Profesionales.

Kali Linux es abundante con características que distinguen esta distribución de hacking de otras distribuciones comunes de Linux como Red Hat y Suse Linux. La mayoría de las características de Kali Linux se adaptan a las necesidades particulares de los probadores de penetración y expertos en seguridad TIC. Las secciones siguientes a continuación detallan las diversas cualidades.

Kali Linux Modo en vivo

A diferencia de la mayoría de los sabores del sistema operativo Linux, la imagen ISO descargable de Kali Linux no es una instalación de sistema operativo puramente dedicada en la infraestructura de hardware; pero se puede utilizar como un sistema en vivo de arranque. Esto evidentemente significa que los usuarios pueden trabajar con Kali Linux sin tener que instalarlo. Los usuarios sólo tienen que arrancar la imagen ISO del sistema en vivo disponible que se puede escribir en un disco USB o grabar en un DVD.

El modo en vivo Kali Linux tiene las pruebas de penetración, evaluación de vulnerabilidades y herramientas de recopilación de información o reconocimiento más utilizados por todos los tipos de hackers. En el modo en vivo, básicamente inserte su DVD o disco USB y reinicie su máquina para ejecutar Kali. Tenga en cuenta que el modo Linux Live Kali predeterminado no conserva ninguna modificación entre reinicios. Es posible conservar los cambios realizados en Kali Live System configurando la persistencia con un USB y los cambios se recordarán a través de los reinicios del sistema.

Modo forense Kali Linux

La distribución Kali Linux viene preconfigurada con el modo Forense. Normalmente, al realizar tareas forenses digitales en un sistema informático, debe evitar las actividades que pueden modificar los registros del sistema que se está evaluando. Al activar el modo forense, se desactivan todas las monturas automáticas y las actividades que pueden cambiar el sistema que se está analizando.

El modo en vivo Kali Linux es específicamente beneficioso para los objetivos forenses digitales, ya que es factible reiniciar cualquier PC en un sistema operativo Kali sin abrir o alterar sus discos duros y sistema de archivos.

Kernel a medida

Kali Linux ofrece permanentemente un kernel Linux basado en Debian Unstable personalizado y actualizado. Esto garantiza el soporte de hardware de hormigón, principalmente para una amplia gama de dispositivos inalámbricos. Este kernel Linux a medida está parcheado para el soporte de inyección inalámbrica que es una característica requerida por las herramientas de análisis de seguridad inalámbrica.

Kali Linux instala los últimos archivos de firmware requeridos por los dispositivos de hardware que normalmente se encuentran en el directorio /lib/firmware/,incorporando el firmware disponible en la sección no libre de Debian.

Totalmente personalizable

Kali Linux es una distribución a medida. Está desarrollado por probadores de penetración para ser utilizado por los probadores de penetración. Los desarrolladores de Kali Linux se han asegurado de que es fácil adaptar y modificar el sistema en función de los requisitos y gustos del usuario. La configuración de kali Linux live-build que se utiliza normalmente para construir las imágenes oficiales de Kali se publica públicamente para permitir a los usuarios moldear Kali Linux a sus necesidades. Los usuarios pueden comenzar fácilmente a partir de esta configuración de compilación en vivo publicada y aplicar varias alteraciones basadas en sus deseos, reconociendo la adaptabilidad de la Kali Linux live-build.

Kali Linux live-build incorpora innumerables características para alterar el sistema instalado, instalar archivos adicionales, paquetes de bonificación, ejecutar instrucciones aleatorias y cambiar los valores pre-calculados a debconf.

Unatribución Dconfiable

Es de suma importancia que las distribuciones de seguridad de Linux puedan ser de confianza y de las que dependan. Kali Linux es desarrollado por una comunidad de desarrolladores que están trabajando en colaboración y han hecho uso del código fuente de la distribución, permitiendo a todos examinar el código fuente. Kali Linux se desarrolla siguiendo las mejores prácticas de seguridad, como la carga de paquetes de origen autorizados, que posteriormente se basan en demonios de compilación dedicados. A continuación, los paquetes se suman y distribuyen como parte de un repositorio firmado.

El trabajo preparado en los paquetes se puede evaluar completamente dentro de los repositorios de Git que incluyen etiquetas firmadas utilizadas para crear los paquetes de origen de Kali Linux. La progresión de cada paquete se puede rastrear utilizando el rastreador de paquetes Kali Linux.

Kali en arm Devices

El sistema operativo Kali Linux y sus herramientas se pueden utilizar en muchas arquitecturas de sistema, como la arquitectura ARM. Este sistema operativo ofrece algunos paquetes binarios para su uso en arquitecturas de sistema ARM armel, armhfy arm64. Kali Linux se puede implementar en varios dispositivos fascinantes, que van desde relojes inteligentes a dispositivos inteligentes como tabletas y a computadoras variadas.

Políticas de seguridad en Kali Linux

Aunque Kali Linux intenta hacer sombra a la política de Debian Linux cuando es posible, los desarrolladores de Kali Linux han seguido a sabiendas opciones de implementación distintivas debido a las diferentes y específicas necesidades de los expertos en seguridad de TI.

Raíz específica de Kali Linux

Las muchas distribuciones de Linux recomiendan el uso de una cuenta de usuario sin privilegios mientras se opera el sistema Linux y el uso de la utilidad sudo para la escalada de privilegios de usuario cuando sea necesario. Esta política de seguridad, especialmente en Debian Linux, proporciona un nivel adicional de seguridad entre el usuario y varios comandos u operaciones de Linux hipotéticamente peligrosos o dañinos.

Las herramientas de seguridad de Kali Linux solo las ejecutan usuarios con privilegios de root. El usuario raíz es la cuenta de usuario de Kali predeterminada. Durante la instalación de Kali Linux, no se instará al administrador de sistemas a crear o agregar un usuario sin privilegios. Los estudiantes deben estar particularmente atentos cuando se utiliza Kali Linux, ya que se producen los errores más dañinos al funcionar con privilegios de root.

Servicios de red deshabilitados

Kali Linux, de forma predeterminada, desactiva varios servicios de red y sistema Linux instalados que se verían en una interfaz de red pública, como HTTP y SSH. El razonamiento que sigue a esta resolución es reducir el contacto durante una prueba de penetración cuando es desventajoso dar a conocer su presencia y descubrimiento de ayuda. Todavía es posible habilitar manualmente cualquier servicio de su elección mediante la ejecución del *servicio* systemctl enable .

Programas de solicitud curated

Dado que Debian tiene como objetivo ser el sistema operativo de elección en todo el mundo, no hacen restricciones sobre lo que se mantiene en los paquetes.

Contrastingly Kali Linux sólo empaqueta las herramientas de prueba de penetración de penetración de élite disponibles libremente.

Los desarrolladores de Kali Linux que se están duplicando como probadores de penetración son los principales impulsores del proceso de selección de las herramientas de aplicación. El proceso de selección aprovecha su experiencia y habilidad para hacer las mejores selecciones. Kali Linux garantiza que mantenemos un depósito de herramientas de prueba de penetración modernizado y valioso. Kali da la bienvenida a las sugerencias de herramientas en una clase dedicada a través de las *nuevas solicitudes* de herramientas que se encuentran en el rastreador de errores de Kali. Todos los nuevos atractivos de utilidad de aplicación se aceptan mejor cuando Kali recibe presentaciones bien presentadas, que comprenden una justificación de por qué la herramienta es valiosa, y detalle de cómo compite con otras herramientas similares.

Resumen

Este capítulo fue una introducción a la distribución de seguridad y hacking llamada Kali Linux, corrimos a través de las principales características de la distribución, con una presentación de numerosas instancias de uso. Hemos discutido algunas de las políticas adoptadas por Kali Linux durante el desarrollo de Kali Linux.

Esta variante de Linux es una evaluación de seguridad lista para la empresa, pruebas de penetración y auditoría del sistema de TI que audita la distribución de Linux basada en Debian Linux. Kali Linux está dirigido a profesionales de la seguridad, administradores de TI y otros profesionales de TI que les permiten ejecutar pruebas avanzadas de penetración, investigación forense digital y auditorías de seguridad de TI.

Kali Linux es una distribución Linux en desarrollo, que describe el hecho de que hay una mejora continua de la distribución *donde recibimos actualizaciones*del sistema adiario. El sistema operativo Kali Linux es una distribuciónde seguridad basada en pruebas de Debian. Posteriormente, todos los paquetes de seguridad y piratería en Kali Linux provienen del depósito de paquetes de pruebas de Debian.

Aunque el enfoque principal de Kali se puede describir de manera estrecha como pruebas de penetración de la red y auditoría de seguridad, hay varios casos de uso que implican vigilancia de la red, investigación forense electrónica y monitoreo de red inalámbrica para enumerar sólo unos pocos.

El sistema operativo de seguridad Kali Linux tiene una gama de características avanzadas que incluyen un modo de uso del sistema en vivo, un modo forense Kali ágil e inofensivo, kernel basado en Linux, adaptabilidad completa del sistema, un marco operativo básico estable y seguro, ARM experiencia en configuración, una política de red segura y un equipo de usuarios controlado y rastreado.

Modo en vivo Kali Linux

Kali Linux simplifica el proceso de empezar, ya que tienen *imágenes ISO en vivo,* lo que implica que puede arrancar y empezar a acceder al entorno Kali Linux sin ningún proceso de instalación previa. Es posible utilizar la imagen ISO de Kali Linux como plataforma de prueba, el uso como imágenes USB /DVD-ROM en casos forenses digitales y, por último, para la instalación permanente en plataformas físicas o virtuales.

Kali Linux es a menudo el sistema operativo de elección para la mayoría de las personas con objetivos hostiles, ya sean gruposfinanciados por el gobierno, partes de crimen estructurado o hackers individuales. Kali Linux simplifica el proceso de construcción y distribución de versiones falsas debido a su naturaleza de código abierto. Es fundamental que se asegure de descargar su Kali Linux Live y los DVD de instalación de fuentes auténticas. También es fundamental verificar siempre la integridad y autenticidad de su descarga a través de los medios disponibles. Esto es particularmente pertinente para los especialistas en seguridad de las TIC y los administradores de sistemas que regularmente tienen acceso a configuraciones confidenciales y se confía en los registros e información de los clientes.

Dónde Find Kali 2019.3 Dcargapropia

En el momento de la escritura de este libro, la última versión de Kali Linux es Kali Linux 2019.3 versión. La única fuente autorizada y auténtica de imágenes ISO de Kali Linux es la sección de descargas del sitio web principal de Kali Linux. Kali Linux es muy popular por lo tanto puede haber numerosos sitios web que ofrecen descargas de imagen ISO en vivo y Kali; la mayoría de estas fuentes no deben considerarse como confiables ya que pueden estar infectados con malware. El siguiente enlace es la única fuente auténtica y confiable para las descargas de Kali Linux.

https://www.kali.org/downloads/

El dominio www.kali.org es una plataforma SSL que utiliza certificados de cifrado electrónico. Este sitio web es compatible con el protocolo de transferencia TLS / SSL a HyperText, lo que hace que sea más difícil de imitar. Un ataque man-in-the-middle no es suficiente porque el culpable necesitará una credencial www.kali.org certificado por la autoridad de certificación Transportation Layer Security (TLS), que es licenciado por el usuario de las víctimas .

Mientras que los organismos de certificados se esfuerzan específicamente por evitar este tipo de problema, también proporcionan credenciales de certificado para los candidatos que han verificado su identidad y que han dado la prueba de credenciales de que son los propietarios del sitio web. La página oficial de descarga muestra una lista completa de imágenes ISO, tanto imágenes de 32 bits como de 64 bits utilizadas en la mayoría de los equipos y portátiles contemporáneos. Ya tiene un procesador de 64 bits al instalarlo para su uso en un equipo bastante moderno. Cuando no sepa el tamaño delprocesador, tenga la seguridad de que las instrucciones de 32bits se ejecutan o ejecutan en todos los procesadores de 64 bits. Los usuarios pueden descargar y ejecutar las imágenes de 32 bits en cualquier momento, ya que se ejecutan en procesadores de 64 bits o 32 bits. No se aplica lo contrario, sin embargo.

Si un usuario está pronosticando la instalación de Kali en dispositivos integrados como relojes inteligentes,teléfonos inteligentes, Chromebooks y puntos de acceso inalámbricos, o cualquier otro equipo que tenga procesadores ARM, descargue imágenes de *brazo* o *armhf* de Linux de la lista que se muestra a continuación.

Nombre de la imagen	Torrent	Versión	Tamaño	SHA256Sum
Kali Linux 32-Bit	Torrent	**2019.3**	2.9G	3fdf8732df5f2e935 e3f21be93565a113 be14b4a8eb410522 df60e1c4881b9a0
Kali Linux 64-Bit	Torrent	**2019.3**	2.9G	d9bc23ad1ed2af7f 0170dc6d15aec58b e2f1a0a5be6751ce 067654b753ef7020
Kali Linux Grande 64-Bit	Torrent	**2019.3**	3.5G	dd44391927d38d9 1cae96ed1a8b9187 67d38bee2617761f ab2d54ad8c77319e c
Kali Linux Light ARMhf	Torrent	**2019.3**	803M	9cee49c35400af04 e127537a090b9b31 b2440cac8cd2568b caeeb6f4eb4e5a9d
Kali Linux Light 64-Bit	Torrent	**2019.3**	1.1G	b6e57c2d9a22cf73 ead39d9d58033991 bdaa4769c74e1a9d 7174e574d1618af8
Kali Linux Light 32-Bit	Torrent	**2019.3**	1.1G	086c017dbfdf034b 6c1114de1be5d3de cd6e632cacd63d5d 9be2a99c736e9933

Kali Linux LXDE 64-Bit	Torrent	**2019.3**	2.7G	44de78249f4b2d4a dedc5b40c134933f 9b891414dbd54f7f a1d74c99d25dc2a7
Kali Linux MATE 64-Bit	Torrent	**2019.3**	2.8G	8911f11fc8aef74ad cfc216e026f431d4 56237d14bc519c29 1580103a75750cd
Kali Linux E17 64-Bit	Torrent	**2019.3**	2.7G	f3d37e3dc7c0d66d ec04e4d7c636a911 39352d6575f7f8a0 5837e123a4c7af78
Kali Linux KDE 64-Bit	Torrent	**2019.3**	3.2G	7711e0ddd2247c2e 50bdb182a9501dd 4f775951ab0e84b6 8f37b6892931576
Kali Linux XFCE 64-Bit	Torrent	**2019.3**	2.7G	c169f63cdb3f5568 d111f536d6afd70b 635808a614de23a4 b2c49073f059f156
Kali Linux VMware de 64 bits	Disponible en la página de descarga de máquinas virtuales de seguridad ofensiva			
Kali Linux 32 bits (PAE) VMware	Disponible en la página de descarga de máquinas virtuales de seguridad ofensiva			
Kali Linux 64-bit VirtualBox	Disponible en la página de descarga de máquinas virtuales de seguridad ofensiva			
Kali Linux 32-bit (PAE) VirtualBox	Disponible en la página de descarga de máquinas virtuales de seguridad ofensiva			

¿Imagen de 32 o 64 bits?

Para cualquier sistema operativo Linux, tenemos que determinar si vamos a instalar una versión de 32 bits o 64 bits del sistema operativo. Para hacer esta determinación podemos examinar el campo flags en el archivo de texto virtual /proc/cpuinfo. Las marcas se utilizan para determinar si el procesador es de 32 bits y 64 bits. Si la marca tiene el atributo **lm,** entonces usted sabe que su CPU es un 64-bit; de lo contrario, es un 32-bit. La línea de comandos subsiguiente le dirá qué tipo de CPU tiene:

grep -qP "flags's*:.*'blm'b' /proc/cpuinfo && echo 32-bit' echo 64-bit

Las variantes predeterminadas de Kali Linux y Kali Linux Light son ISOs en vivo que se pueden ejecutar en un entorno en vivo y también se pueden descargar y configurar físicamente en la máquina. Estos son sólo distintos debido a los paquetes de software preinstalados. La imagen ISO estándar de Kali Linux incluye el entorno GNOME y una gran selección de paquetes de software reservados específicamente para la mayoría de los probadores de penetración, y una interfaz XFCE que requiere significativamente menos recursos del sistema y un pequeño porcentaje de características para elegir solo los programas que necesita.

Cuando se está descargando la imagen ISO de Kali Linux seleccionada, debe anotar la suma de comprobación en la columna sha256 de la página de descarga de Kali Linux.

Kali ISO Imagen Unautonticación

Los expertos en seguridad de la tecnología de la información deben mantener la fiabilidad de su software para proteger sus datos y defender sus redes, incluidas las de sus clientes. Aunque los certificados SSL protegen el sitio de inicio de sesión de Kali Linux, el enlace real al sitio web de carga conduce a una dirección URL sin cifrar sin protección y que tiene un posible ataque de tipo man-in-the-middle. El sistema operativo Kali Linux se basa en gran medida en redes de espejo externas que comparten archivos descargados, por lo que nuestra confianza en estas redes de espejo no debe ser ciega. Hay una alta probabilidad de que el espejo al que fue llevado ha sido hackeado, y que usted puede ser el objetivo de una intrusión usted mismo.

El proyecto Kali Linux proporciona continuamente sumas de comprobación de imágenes iso para mitigar los ataques. Es importante confirmar siempre que la suma de comprobación que tiene es emitida por el proyecto Kali Linux con el fin de llevar a cabo comprobaciones activas. Tenemos varias maneras de evaluarlo.

Virtual Kali Linux

Las máquinas virtuales tienen un gran número de ventajas para los profesionales de Kali Linux. Las máquinas virtuales son esencialmente útiles cuando solo desea tener una idea de Kali Linux, pero no están dispuestos a comprometerse a tener una instalación permanente de Kali Linux en su infraestructura de hardware físico. Las máquinas virtuales también pueden ser útiles cuando tiene una infraestructura de servidor eficaz que le gustaría aprovechar y utilizar eficazmente para ejecutar simultáneamente una multitud de sistemas operativos. Las máquinas virtuales, especialmente Oracle VirtualBox, son una gran opción para numerosos probadores de penetración y profesionales de seguridad de TI que todavía pueden desear acceso total a su sistema operativo principal, mientras que están utilizando Kali Linux hacking y herramientas de evaluación de vulnerabilidades. También es útil, ya que el experto puede eliminar la instancia de una máquina virtual sin necesidad de reinstalar todo su sistema operativo.

La mayoría de los entornos virtuales ofrecen una función de instantánea sin tener que experimentar con procedimientos posiblemente peligrosos, como el análisis de malware. El usuario de Kali Linux que ejecuta Kali en máquinas virtuales es capaz de restaurar a una instantánea anterior si su instancia virtual está dañada a través de evaluaciones de Kali o el uso de malware para probar.

Tenemos una variedad de tecnologías de virtualización para el PC que están disponibles para todos los principales sistemas operativos como Windows, MacOSX y Linux, a saber, Oracle *VirtualBox, VMware Workstation para Windows, VMware Fusion para MacOSX, Xen, KVM*e *Hyper-V,* por nombrar algunos. Eventualmente, las personas eligen la herramienta de virtualización que se adapte a su entorno y sus gustos. En este libro vamos a utilizar Oracle VirtualBox en MacOSX y VMware en Windows.

Estas herramientas son las más utilizadas en el software de escritorio de virtualización. Si no hay restricciones o restricciones de políticas empresariales o preferencias personales, recomendamos que el alumno pruebe Oracle VirtualBox, ya que es una solución de libre disposición, que funciona bastante bien, es muy de código abierto y se puede utilizar en la mayoría de los sistemas operativos.

Pasos de instalación de Kali

Inicialmente para comenzar la instalación, debe arrancar con su medio de instalación preferido. Cuando utilice imágenes ISO de Kali Linux en el equipo host de virtualización, seleccione la imagen iso en el símbolo del sistema de origen de instalación. Después de iniciar la máquinavirtual, se le recibe con la pantalla de arranque de Kali. En esta ilustración, seleccionamos una instalación gráfica para iniciar la instalación en modo gráfico. Si se siente cómodo con el texto- instalaciónbasada, puede elegir que como una alternativa. Si desea tener una prueba del entorno kali sin instalarlo completamente, puede seleccionar el modo en vivo y probar Kali.

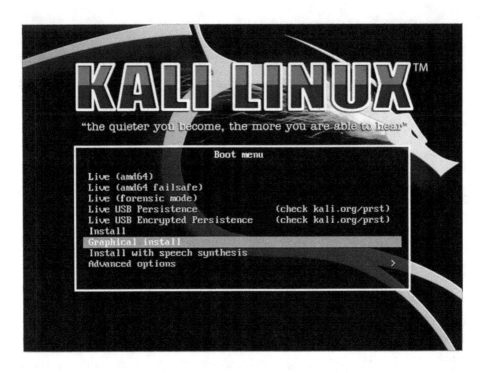

Después de iniciar el proceso de instalación, el usuario es llevado a una pantalla que le pide que seleccione un idioma de elección y, a continuación, elija su país. También se solicita al instalador que configure su teclado. También se espera que los usuarios especifiquen su ubicación geográfica.

El instalador de Kali Linux hará una copia de la imagen de Linux en su disco duro, y luego sondear sus NIC o tarjetas de interfaz de red, y luego le pedirá que introduzca el nombre de host del sistema.

Opcionalmente, puede especificar su nombre de dominio predeterminado para su sistema Kali Linux.

A continuación, debe especificar un nombre completo para un usuario no raíz para el sistema. Se configuraráun ID de usuarioprincipal, centrado en el nombre completo que ingresó anteriormente. Los usuarios pueden cambiar esto si así lo desean.

A continuación, establezca su zona horaria. Y ya está todo listo.

Capítulo 4

Conceptos básicos de redes

L a primera etapa en la construcción de un sistema totalmente funcional para su uso durante nuestras lecciones de hacking es descargar e instalar la distribución Kali Linux 2019.3. Casi todas las máquinas están conectadas a otros equipos a través de redes. Es importante que el hacker novato se familiarice con los servidores Linux, y obtenga una buena comprensión del conocimiento de las redes y los problemas relacionados con las máquinas Linux de red.

El capítulo de redes inicial constituye la base para crear las secciones de red, configuración y solución de problemas de Linux posteriores. A continuación, esas secciones abordarán los temas restantes que tratan los servicios de red Linux, la implementación y configuración de red genérica.

Comprender los temas de redes presentados aquí va a ayudar a responder a las diversas preguntas planteadas al hacker o principiante profesional de Linux a veces todos los días. Esto contribuirá a hacer que el camino a Kali Linux sea menos difícil, lo que comienza con una comprensión de los marcos de red OSI y TCP / IP.

Modelo de referencia OSI

Desarrollado por la Organización Internacional de Normalización, el modelo de referencia de red de interconexión de sistemas abiertos (OSI) describe cómo los diferentes componentes del sistema de hardware y software que intercambian datos deben interactuar y comunicarse.

En el marco OSI, el nivel de responsabilidad se delega en cada elemento de la ruta de comunicación de datos, un reino que gobierna y controla. Cada capa extrae la autorización, o los detalles de encabezado que requiere de los datos o la carga útil, y la utiliza para transferir correctamente los datos o la información dejada a la siguiente capa. Esta capa a menudo elimina su autorización y pasa la información a la siguiente etapa, de modo que el proceso tiene siete capas de longitud.

La primera capa del marco de referencia OSI especifica los atributos de comunicación de las señales inalámbricas y de cable utilizadas para cada "conexión" o fase a lo largo de la ruta. La segunda capa o capa 2 define las técnicas que se utilizarán para la corrección de errores en la interfaz. La tercera capa o capa 3 garantiza que los datos pueden saltar de link a link en su trayectoria al destino como se detalla en sus encabezados. Cuando la información finalmente llegue, la cuarta capa o el encabezado de capa 4 se utilizará para decidir qué aplicación de software configurada localmente la recibirá. La aplicación utiliza reglas de Capa 5 para monitorear las diferentes sesiones de comunicación con equipos remotos y utiliza la Capa 6 para asegurarse de que los mensajes o el formato de archivo son correctos. La capa 7 finalmente determina lo que el final-usuario verá en forma de una interfaz de usuario, si es una interfaz gráfica de usuario en un monitor o un comando-interfaz delínea. La siguiente tabla es una explicación del propósito de cada una de las siete capas OSI.

Las Siete Capas OSI

Capa #	Nombre de capa	Explicación	Puertos
7	Aplicación	La aplicación de red y la capade interacción de proceso deusuario final	NFS Telnet
6	Presentación	Traduce, comprime y cifra los datos de un formato de datos de presentación al otro.	HTTP FTP
5	Sesión	Establece, gestiona y termina sesiones de comunicación entre ordenadores y aplicaciones	Sendmail SNMP RPC
4	Transporte	Gestiona la formación y destrucción de conexiones. Garantiza una entrega de mensajes fiable, especialmente con TCP. Garantiza que se retransmitan	TCP SPX UDP

		los datos anónimos. Reordene con precisión los paquetes de datos que llegan en el orden incorrecto. La unidad de datos protocol en la Capa 4 se denomina **segmento**.	
3	Red	Se encarga del reenvío y la transmisión de datos o paquetes de una red a la siguiente entre conexiones que no están realmente vinculadas entre sí. Los datos en la capa 3 se llaman un **paquete.**	IP ARP
2	Enlace	El layer es responsable de Control de errores y error-transferencialibre de marcos de datos. Los datos se denominan **trama en la capa 2.**	PPP FDDI ARP
1	físico	Denota las señales eléctricas y ópticas que atraviesan el hardware de medio e interconexión	Ethernet ATM RS232

Introducción tcp/IP

TCP / IP es un conjunto universal estándar de protocolos utilizados para la conectividad de red. Pertenece al modelo de referencia OSI más grande en el que se basa la mayoría de las comunicaciones de datos.

El protocolo de Internet (IP) es un componente de TCP / IP que garantiza que la información se transfiere de una dirección a la siguiente sin interferencias.

Para fines de administración, la información se separa típicamente en varios bits o paquetes, cada uno con sus propios bytes de detección de errores en el encabezado del paquete o la porción del control. Al recopilar los paquetes, el equipo remoto reconstruye la información y busca errores. A continuación, la información se envía al sistema que tiene la intención de obtenerla.

¿Cómo se informa a la máquina de qué sistema requiere la información? En su encabezado, el campo de tipo, cada paquete IP proporciona una pieza de información. Aconseja al dispositivo que está obteniendo información sobre el mecanismo de transporte de la capa 4.

El Protocolo de control de transmisión (TCP) y el Protocolo de datagramas de usuario (UDP) son los dos marcos de comunicación más comunes utilizados en Internet.

Al especificar la forma de protocolo de transporte, el encabezado TCP / UDP se examina para la propiedad de puerto que se utiliza para identificar el servicio de red o la aplicación en el dispositivo está destinado a procesar la solicitud..

El protocolo TCP

Para permitir que muchas secuencias intermitentes de datos se transmitan durante un período de tiempo infinito, TCP abre una conexión virtual entre los programas cliente y servidor que operan en equipos individuales. TCP garantiza la supervisión de los paquetes recibidos proporcionando cada uno un número de secuencia con el servidor remoto que envía los paquetes de confirmación de entrega apropiados. Por lo tanto, las aplicaciones que utilizan TCP tienen una manera de descubrir errores de comunicación y exigir que se retransmitan los paquetes perdidos. TCP es un excelente ejemplo de un protocolo basado en una conexión.

Conexión TCP-Oprotocolo remachado

Para que la comunicación sea efectiva, cada forma requiere algún tipo de reconocimiento. Alguien llama a la puerta de un edificio, el individuo dentro dice, "¿Quién es?" y el intruso responde: "¡Soy yo!" y la puerta se abre. Ya se dieron cuenta de quién estaba al otro lado de la puerta antes de que se desbloqueó, y ahora debería comenzar un diálogo.

Cualquier tipo de comunicación requiere una especie de validación para que sea significativa.

TCP funciona así. Cuando dos dispositivos se comunican, se reconocen entre sí. El servidor iniciador de conexión envía un segmento en el encabezado TCP con el bit SYN. El dispositivo de destino para la comunicación responde con un segmento que tiene su conjunto de bits SYN y ACK, al que el servidor iniciador responde con el segmento de conjunto de bits ACK. Este proceso de comunicación con SYN, SYN-ACK y aCK se conoce comúnmente como el "apretón de manos de tres vías".

La interacción progresa con una secuencia de intercambios de sección, cada uno con la matriz de bits ACK. Cuando uno de los servidores tiene que detener la interacción, envía un segmento al otro con los bits FIN y ACK establecidos, a los que el otro cliente siempre responde con el segmento FIN-ACK La conversación se detiene con la confirmación final del servidor que decidió terminar la sesión.

A continuación tenemos la captura de un apretón de manos de tres vías. Usted puede percibir claramente el apretón de manos de tresmanerasde vincular y desconectar la sesión.

1   server1 -> server2 TCP 1443 > http **[SYN] Seq-866 Ack-0 Win-5840**   Len-0

2   server2 -> server1 TCP http > 1443 **[SYN,ACK] Seq-8404 Ack-867 Win-5792** Len-0

3   server1 -> server2 TCP 1443 > http **[ACK] Seq-867 Ack-8405 Win-5840**   Len-0

4   server1 -> server2 HTTP HEAD/HTTP/1.1

5   server2 -> server1 TCP http > 1443 **[ACK] Seq-8405 Ack-1185 Win-54**   Len-0

6   server2 -> server1 HTTP HTTP/1.1 200 OK

7   server1 -> server2 TCP 1443 > http **[ACK] Seq-1185 Ack-8672 Win-6432**   Len-0

8   server2 -> server1 TCP http > 1443 **[FIN, ACK] Seq-8672 Ack-1185 Win-54** Len-0

9   server1 -> server2 TCP 1443 > http **[FIN, ACK] Seq-1185 Ack-8673 Win-6432** Len-0

10   server2 -> server1 TCP http > 1443 **[ACK] Seq-8673 Ack-1186 Win-54**

La traza anterior muestra que el número de secuencia denota el número secuencial o de serie del byte inicial de información en el segmento. La línea de apertura detalla que un valor indiscriminado de 866 se asignó al byte más importante y se realizará un seguimiento en serie de todos los bytes sucesivos para la conexión desde este servidor. Esto hace que el byte subsiguiente en el segmento número 867, el tercer número de secuencia 868 y así sucesivamente. El número de confirmación de segmento o Ack, no es el mismo que el bit **ACK,** es el número secuencial de bytes del siguiente segmento que prevé obtener del otro extremo, y la cantidad agregada de bytes no puede superar el valor de **Win** o

ventana que le sigue. Si el contenido no se procesa con precisión, el destinatario debe volver a enviar el segmento de inicio llamando para que los detalles se transmitan de nuevo. El protocolo TCP mantiene un registro de todo esto, así como de los puertos de origen y de destino, incluidas las direcciones IP, para asegurarse de que cada vínculo especial se mantiene correctamente.

Protocolo UDP sin conexión

User Datagram Protocol, también conocido como UDP, es un protocolo de red que funciona sin establecer una conexión entre los dispositivos de conversación. Es un protocolo sin conexión. El contenido o un datagrama se transmite "al mejor esfuerzo con el dispositivo que recibe los datos sin ninguna forma de comprobar que el equipo remoto procesó los datos correctamente. UDP se utiliza normalmente para sistemas donde los datos enviados no son críticos para el proyecto. También se ha utilizado cuando la información tiene que ser enviada a todas las bases de datos accesibles en una red conectada localmente donde se sabe que la formación de cientos de enlaces TCP para una breve ráfaga de datos es hambrienta de recursos.

Puertos TCP y UDP

La sección de datos del paquete IP comprende un segmento puesto dentro de TCP o UDP. La información de secuencia solo está contenida en el encabezado de sección TCP, pero los encabezados de segmento UDP y TCP supervisan el puerto que se está utilizando. El puerto de origen y de destino del cliente y del servidor, las direcciones IP de origen/destino se combinan para clasificar cada flujo de datos individualmente.

Diferentes puertos reconocidos a nivel mundial están dedicados a ciertos servicios. El puerto 80 que es el protocolo de transferencia de hipertexto se reserva para el tráfico Web, y el puerto 25 se reserva para los mensajes del Protocolo simple de transferencia de correo. Para las funciones del sistema se asignan los puertos propietarios por debajo de 1024, y para los puertos de programa de terceros que están por encima de 1024 se reservan generalmente..

Normalmente, al vincular un dispositivo de toda la red que solicita información a un servidor que almacena los datos, el usuario elige un puerto de "origen" aleatorio que actualmente no se utiliza por encima de 1024 y consulta el servidor en el puerto de "destino" específico de la aplicación. La base de datos acepta un puerto de red 80 como una solicitud HTTP y pasa la información que debe administrar el código del servidor web si se trata de unasolicitud HTTP n, el usuario utilizará un puerto de referencia 2049 o un puerto 80 (HTTP) como solicitud. La solicitud TCP se dirigirá de nuevo al puerto 2049 de la red mediante el puerto de referencia web 80 si el código del servidor web responde a la pregunta.

El usuario registra todas sus consultas en la dirección IP del servidor y sabe que la respuesta en el puerto 2049 no es la inicialización "NFS", sino una respuesta a la aplicación original del puerto HTTP 80.

La función TCP/IP "Time to Live"

Cada paquete IP tiene una porción de tiempo de vida (TTL) que registra el número de dispositivos de red que el paquete se mueve a través de su destino El servidor que transfiere el paquete establece el valor original TTL, y cada equipo de red que mueve el paquete disminuye el valor en 1. La máquina de red descarta el paquete si el valor TTL golpea0.

Este método ayuda a asegurarse de que el enrutamiento de Internet deficiente no permitirá que los paquetes se interrumpan continuamente sin salir de la red. Por lo tanto, los TTIL ayudan a reducir la congestión de la red causada por los datos de tráfico no deseados que los loops.

Protocolo TCP/IP e ICMP

El Protocolo de mensajes de control de Internet (ICMP) es otro protocolo ampliamente utilizado. Este protocolo no es un protocolo TCP / IP exclusivamente, sin embargo otras aplicaciones basadas en TCP / IP a menudo lo utilizan.

ICMP ofrece un conjunto de alertas de datos y control de fallas para su uso por el sistema operativo. Por ejemplo, a veces los paquetes IP pueden llegar a un servidor con datos comprometidos debido a una serie de causas incluyendo una mala conexión; perturbación electromagnética, o incluso una configuración errónea. Normalmente esto es detectado por el servidor inspeccionando el paquete y comparando el contenido con lo que detecta en la porción de administración de errores del encabezado IP. A continuación, dará al dispositivo de recepción inicial un mensaje de rechazo ICMP que indica que la información debe ser reenviada porque la transferencia original se dañó.

ICMP también proporciona mensajes de respuesta de eco o eco para validar la conectividad de red mediante el comando ping de Linux. Cuando el TTL en un paquete se reduce a cero, los mensajes expirados ICMP TTL también se transmiten de nuevo al servidor de origen por el equipo de red.

Dirección de P.I.

Todos los dispositivos conectados a Internet permitidos por TCP / IP tienen una dirección de protocolo de Internet (IP). Al igual que un número de teléfono, esto ayuda a identificar a un usuario del dispositivo de forma única. La IANA es responsable de distribuir direcciones IP a los proveedores de servicios de Internet, determinar las direcciones a utilizar para la Internet pública y qué direcciones IP utilizar en las redes privadas.

De hecho, las direcciones IP son una secuencia de 32 números binarios o bits. Los ingenieros de red también dividen estos 32 bits en cuatro conjuntos de 8 bits (o byte) que reflejan un número de 0 a 255 para facilitar su uso. A continuación, cada número se divide por un punto o punto (.) para construir el puntohabitual- notación decimal. 172.16.34.54 es un ejemplo de notación decimal punteada.

Direcciones IP privadas

Tenemos tres rangos de direcciones IP que fueron y están reservadas para su uso simplemente en redes privadas y no se reenvían públicamente y se enrutan a través de Internet. Llamamos a estas **direcciones IP privadas** y a continuación se muestran los 3 rangos:

1   Clase A:10.0.0.0 - 10.255.255.255

2   Clase B:172.16.0.0 - 172.31.255.255

3   Clase C:192.168.0.0 - 192.168.255.255

La pregunta pertinente es, ¿cómo todos los dispositivos configurados con direcciones privadas del protocolo de Internet acceden a Internet? Vamos a calar cómo se hace esto en la sección NAT del libro.

Loopback IP Unaddress

Todos los equipos, tengan o no tarjetas de interfaz de red, tengan unadirecciónde protocolo de Internet de bucle de vuelta n integrada utilizada por todas las aplicaciones compatibles con la red en el equipo para interconectarse entre sí. Las direcciones IP de Loopback o localhost se escriben comúnmente como 127.0.0.1.

NAT - Traducción de direcciones de red

La puerta de enlace entre redes, que puede ser un enrutador o un firewall, está configurada para que parezca que todos los dispositivos, como sus portátiles y servidores de la red, tienen una **dirección IP enrutable públicamente**y no una dirección IP "privada". El concepto de utilizar la dirección IP pública en el router o firewall por todas las máquinas que sólo están configuradas con direcciones IP privadas se denomina traducción de direcciones de **red o NAT abreviada** o **enmascaramiento** de IP en el mundo Linux. Existen numerosas intenciones nobles para esto, las dos más generalmente especificadas son:

- Las personas en el Internet público no conocen la verdadera dirección IP de la máquina, ya que está detrás del router y está utilizando la dirección IP del router para acceder a Internet. NAT protege sus PC aleteándolos de clase A, B o C direcciones IP privadas que no se transmiten a través de Internet. Esto frustra a los hackers de atacar directamente sus máquinas y sistemas de área local porque los paquetes enviados a la dirección IP LAN privada ciertamente no pasarán por Internet.

- Podemos tener una multitud de PC y equipos de TI detrás de un dispositivo NAT disfrazado de una sola dirección IP pública que pertenece al dispositivo NAT. Esto aumenta significativamente el número total de dispositivos que pueden acceder a Internet sin necesidad de direcciones adicionales de IP pública versión 4 que se están agotando.

En los servidores Linux, podemos configurar la traducción de direcciones de red para que sea **uno a uno,** donde hacemos una solicitud a nuestro ISP para que nos asigne una serie de direcciones IP públicas para ser utilizadas por la interfaz pública de Internet de su firewall o enrutador. A continuación, acopla cada una de estas direcciones IP públicas a un servidor coincidente en la red IP privada segura. También podemos configurar una traducción de direcciones de red de **muchos a uno,** en la que el firewall o la puerta de enlace asigna solo una dirección IP específica a varios servidores de la red de área local.

Como regulación típica, no puede acceder a las direcciones IP NAT enrutables públicamente desde servidores de su red local o de campus. La evaluación de traducción de direcciones de red elemental exige que alguien fuera de su red intente conectarse a su red interna desde Internet.

Reenvío de puertos NAT

En un área local modesta o red de campus, todos los servidores de red Linux que acceden a Internet parecen mostrar que están utilizando una dirección IP pública específica de la puerta de enlace de Internet debido a muchos a una traducción de direcciones de red. Los enrutadores y firewalls pueden realizar fácilmente un seguimiento de todas las diversas conexiones salientes a Internet mediante la supervisión del tráfico, ya que son la puerta de enlace a Internet. Las direcciones IP y los puertos TCP que utiliza cada servidor se asignan a las del servidor de Internet con el que intentan comunicarse.

Esta organización funciona bien con una sola IP NAT tratando de comenzar a establecer redes con varias direcciones de Internet.

Las nuevas conexiones que se originan desde Internet a la dirección IP pública del router o firewall se encuentran con hipo. El gateway no tiene un medio de determinar cuál de los muchos PC LAN detrás está destinado a tomar los datos transmitidos porque la asignación indicada anteriormente no ocurre de antemano. En situaciones como estos datos normalmente se tiran o se descartan.

El reenvío de puertos es una técnica para contrarrestar esto. Por ejemplo, puede configurar la puerta de enlace de Internet para reenviar todo el tráfico web o el tráfico del puerto TCP 80 destinado a la dirección IP NAT externa para que se transmita instintivamente a un servidor específico de la red interna.

El reenvío de puertos se utiliza comúnmente para el alojamiento de sitios web.

Asignación de direcciones IP Autilizando DHCP

Un protocolo que automatiza la asignación de direcciones IP, los enrutadores predeterminados de máscaras de subred y otros parámetros IP se conocen como Protocolo de configuración dinámica de host (DHCP).

Normalmente, la asignación ocurre cuando el dispositivo DHCP instalado arranca y recupera la conectividad de red. El cliente DHCP envía una demanda o solicitud a una red conectada localmente para obtener una respuesta de un servidor DHCP. El servidor DHCP responde a una consulta con la dirección IP, la máscara de subred, la dirección IP del servidor DNS y los detalles de puerta de enlace predeterminados para el PC del usuario.

La dirección IP normalmente terminaría después de una hora estándar, cuando una nueva dirección de la lista asignada del servidor de direcciones se renegociará del usuario DHCP y la red. Por lo tanto, es más complicado configurar reglas de firewall para acceder a dispositivos que obtienen sus direcciones IP de DHCP porque las direcciones IP remotas difieren de vez en cuando. Tal vez para un único puerto TCP / UDP tendrá que permitir el acceso a toda la subred DHCP remota.

Muchos enrutadores o firewalls de la red local se crean como servidores DHCP en el fabricante. Si su cuadro Linux tiene una dirección IP estática, también podría transformarla en un servidor DHCP.

Capas físicas y de enlace de datos

El conjunto de protocolos TCP/IP puede ser completamente fascinante, pero la comprensión de estas dos capas del modelo OSI también es fundamental, ya que la comunicación fundamental sería difícil sin ellas.

Tenemos numerosos estándares que describen los enfoques físicos, eléctricos y de control de errores en la comunicación de datos. La más prominente en las redes de campus y de área local es Ethernet, a la que se puede acceder a diferentes velocidades en una gama de cables de red, pero la técnica de transmisión de datos y corrección de errores es la misma en ambos.

Ethernet se utilizó principalmente en una configuración donde el mismo cable Ethernet fue utilizado por cada dispositivo en una ubicación de red. Al transmitir, las máquinas esperaban hasta que la ruta estaba despejada. A continuación, devolvería los detalles haciendo coincidir lo que deseaba enviar con lo que envió al cable, como una forma de detección de errores. Si cualquier discrepancia entre los dos se encuentra por la correlación matemática y la prueba de redundancia cíclica (CRC), el servidor asumió que intercambiaba información con otro cliente en el cable simultáneamente. Esperaría un poco arbitrariamente y transmitiría en algún momento posterior si la ruta se abriera.

Una técnica llamada acceso múltiple del sentido portador o CSMA transmite los datos solamente después de primero determinar si el cable o medio entre los dispositivos múltiples tiene los niveles de señalización correctos. El potencial de detectar la información mediante la información se denomina detección de colisiones o CD debido a transferencias de datos superpuestas, también conocidas como colisiones.

Actualmente, los dispositivos conectados están conectados principalmente a través de un cable dedicado, aprovechando hardware extra potente capaz de transmitir y recibir simultáneamente interferencias menos, lo que lo hace más confiable y naturalmente más rápido que su predecesor Versiones. El estándar Ethernet original tenía una velocidad de 10 Mbps; las versiones más recientes pueden manejar hasta 100Gbps!.

Tenemos las especificaciones 802.11 que describen numerosas tecnologías de redes inalámbricas como una ilustración de los elementos de capa 1 y 2 de uso universal del modelo de referencia OSI. Las otras partes de estas capas son DSL, estándares del módem de cable y circuitos T1.

Las secciones subsiguientes son una discusión sucinta de los muchos fundamentos de la capa de enlace físico y de datos y cómo funcionan los dispositivos que utilizan estas capas para conectar los ordenadores en nuestra LAN y a través de Internet.

Equipos de red

Hasta ahora sólo hemos introducido la teoría de las dos primeras capas del modelo de referencia OSI. Cubriremos su aplicación en la sección subsiguiente.

Tarjetas de interfaz de red

Los dispositivos de red se fabrican con un adaptador denominado tarjeta de interfaz de red también denominada NIC. Actualmente, los dos tipos estándar de adaptadores utilizados son las tarjetas adaptadoras Ethernet y Ethernet inalámbrica en la red de área local.

El significado de la luz de enlace NIC

La luz de enlace NIC indica que el adaptador de red ha detectado positivamente un dispositivo en el extremo posterior del cable. Esto significa que usted está operando usando un tipo apropiado de cable de red y que ambos dispositivos han negociado el dúplex de transmisión correctamente en ambos extremos.

Dúplex medio y completo

En los medios de transmisión, tenemos medio y mediodúplex completo. En primer lugar, el mediodúplex completotiene la capacidad de tener transmisión y recepción simultáneas de datos. Principalmente, mediomedio dúplex puede transmitir datos en ambas direcciones, pero lo hace en una dirección a la vez.

El medio Ethernet que funciona en modo completo-dúplex utiliza pares independientes de cables para la transmisión y recepción de datos de red de modo que eliminamos la interferencia entre los datos entrantes y los flujos de datos salientes.

Todo el medio de red que funciona a mitaddedúplex hace uso de los mismos pares de cables para el envío y la entrega de flujos de datos. Los dispositivos que tienen la intención de enviar sus datos esperan su oportunidad de enviar hasta que el medio no esté transmitiendo nada. Los métodos para la detección de errores y la retransmisión de datos garantizan que los datos transmitidos llegar a su destino de destino con precisión. Esto está destinado a propósito para remediar la corrupción de datos que es el resultado de colisiones cuando varias piezas de equipos en red comienzan a comunicarse simultáneamente.

Un noble parecido de las comunicaciones completas-dúplex es la conversación telefónica, en la que todos en la llamada telefónica son capaces de hablar simultáneamente. Walkie-talkies son una ilustración perfecta de la mitad-dúplex en el que ambas partes esperan hasta que la otra parte está terminada antes de que puedan hablar.

Las discordancias dúplex donde un extremo tiene la mitad-dúplex y el otro extremo tiene dúplex completo,lo que resulta en bajas velocidades de transferencia de datos y altos niveles de error.

Las mejores tarjetas de interfaz de red contemporáneas ahora son capaces de auto-negociar su dúplex medio con el otro dispositivo. La mayoría de los servidores Linux son capaces de la negociación automática dúplex.

Dirección de hardware físico

La dirección de hardware del dispositivo informático a menudo conocida como Control de acceso a medios o dirección MAC se puede vincular al número de serie de la tarjeta de interfaz de red. Ese paquete IP enviado desde su adaptador de interfaz de red se incluye dentro de una trama Ethernet que utiliza direcciones MAC para dirigir el tráfico en su red local.

Por lo tanto, las direcciones MAC son solamente aplicables a las redes de área local y a la capa 2 del modelo de referencia OSI. Cuando los paquetes IP pasan a través de la red, utilizan los direccionamientos del protocolo de Internet del origen y del destino que permanecen iguales, pero las direcciones MAC son remitidas por cada router a través de Internet a través del Address Resolution Protocol conocido como el ARP en resumen.

ARPing y hardware Unavesticion

Utilizamos el Protocolo de Resolución de Direcciones para conectar direcciones MAC a sus direcciones IP correspondientes en el entorno de red. Cuando un cliente desea conectarse con otro servidor, se realizarán los siguientes pasos:

1. Inicialmente, el servidor consulta su tabla de ruteo para establecer qué router de capa 3 aprovisiona el salto siguiente a la red de destino

2. Cuando el servidor encuentra una entrada en la tabla de ruteo sobre un router, suponiendo que el router tenga 10.1.1.1.1 dirección IP. El servidor Linux entonces inspecciona la tabla del Address Resolution Protocol (ARP) para encontrar una asignación de la dirección MAC de la tarjeta de interfaz de red a la dirección IP antedicha. Esto se hace para asegurarse de que el paquete se envía al router correcto para la transmisión de la conexión a Internet.

3. Si tenemos una entrada ARP de asignación, el servidor entonces transfiere el paquete IP al router con la dirección IP 10.1.1.1 y pide a la tarjeta de red que encapsula el paquete en una trama para la dirección MAC del router.

4. Si no tenemos una asignación ARP en la tabla ARP, el servidor Kali Linux debe hacer una petición ARP para que el router con la dirección IP 10.1.1.1 responda con su dirección MAC de modo que se pueda realizar la entrega de paquetes. El paquete se canaliza cuando se obtiene una respuesta y la tabla ARP se actualiza con la nueva dirección MAC..

5. Cuando el Routers o los gatewayes en el canal recogen el mensaje, toma de la trama Ethernet el paquete IP, dejando los detalles MAC en su lugar. A continuación, analiza la dirección IP de destino en el paquete y utiliza su tabla de ruteo para establecer la dirección IP del siguiente router en la trayectoria a ese destino.

6. El router en su lugar utiliza el protocolo ARP para conseguir la dirección MAC del router de la etapa siguiente. Entonces reencapsula el paquete con la nueva dirección MAC en una trama Ethernet y lo transfiere al routerdel salto siguiente. Este ciclo de retransmisión continúa hasta que el paquete golpea la máquina de destino.

7. Un proceso similar sucede cuando el servidor de origen está en la misma red que el servidor de destino La tabla del ARP

se está examinando. Si no hay entradas abiertas,una consulta ARP puede solicitar la dirección MAC del servidor del punto finaluna vez que se ha confirmado una respuesta, el paquete será enviado y la tabla ARP será revisada con la nueva dirección MAC.

8. A menos que tenga una entrada en su tabla ARP para la siguiente ruta de acceso, el servidor Kali Linux no transferirá la información a su destino previsto. Si este no es el caso, el programa que desea conectarse puede informar de un error en el tiempo y el espacio.

9. Como se puede anticipar, en la red conectada localmente, la tabla ARP comprende solamente las direcciones MAC de la máquina. Las entradas ARP no son vinculantes y se descartarán según el sistema operativo utilizado después de un período de tiempo fijo.

Quipment Network E

Hay principalmente dos tipos de tipos de dispositivos de red; el Equipo de Comunicaciones de Datos abreviado como el DCE que está destinado a servir como el rastro de comunicaciones predeterminado; y el Equipo de Terminal de Datos abreviado DTE que actúa como origen o destino de los datos transmitidos.

Equipos de terminaldes de red

Originalmente conocidos como Data Terminal Equipment son dispositivos informáticos que se implementan en sitios remotos y departamentos donde están conectados directamente a módems. Tales piezas de equipo no tienen ninguna potencia de procesamiento y por lo tanto sólo actúan como una combinación de pantalla/teclado para el procesamiento de información.

La mayoría de los PC ahora han conectado sus puertos COM o Ethernet como si estuvieran vinculados a un módem u otro tipo de sistema de solo red.

Equipos de comunicaciones de datos

El equipo de comunicación de datos, abreviado DCE, es un equipo informático utilizado para establecer, mantener y terminar sesiones de comunicación bidireccional. Para convertir señales de transmisión, el DCE está conectado con el terminal de datos (DTE) y los circuitos de transmisión de datos (DTC).

Por el contrario, los proveedores de TI pueden conocer los dispositivos de intercambio de datos como dispositivos de terminación de circuitos de datos y dispositivos portadores de datos.

Tipos de cables de comunicación

En redes, necesitamos cables rectosatravés de cables cuando conectamos tipos de dispositivos dispares, por ejemplo, la conexión entre los tipos de equipos DCE y DTE utiliza cables rectosa través

116

de. Los cables cruzados se utilizan para la interconexión de dispositivos que pertenecen al mismo grupo, como Cambiar a conmutador o Conexiones de ordenador a ordenador.

Tenemos fabricantes de equipos que diseñan sus equipos de tal manera que han delineado entre puertos. Algunos puertos se hacen como DTE o DCE. Sinembargo, la mayoría de los proveedores modernos y fabricantes de equipos diseñan equipos que se mueven automáticamente entre DTE y DCE. Los cables cruzados también se conocen como cables de módem nulos y los cables rectos-através se denominan cables Ethernet.

Comunicación Ccapazs

Enlace-tipo	Tipo de cable
Portátil a portátil	Cable de módem nulo
Capa 2 Hub a Hub	Cable de módem nulo
Cambiar la conexións al interruptor	Cable de módem nulo
Portátil a Router	Straight Through
Servidor a concentrador	Straight Through
Servidor para cambiar	Straight Through

Multiport Repeater o Hub

Un repetidor de red es un dispositivo de capa 2, que se utiliza para interconectar una o más máquinas en un segmento local de una red para permitir la intercomunicación entre ellas.

Hay muy pocos avances para los centros de red y, por lo tanto, no hay regulaciones de tráfico. La mayoría de los dispositivos de comunicación interconectados a través de concentradores charlarán simultáneamente si están vinculados ya que la señal se puede enviar a través de emisiones a todos los dispositivos interconectados a través del repetidor de red también conocido como el concentrador. Si se producen colisiones de transmisión, las máquinas interconectadas a través de un concentrador de red deben intentar de nuevo cuando hay conflictos en el canal de comunicación después de un período de tiempo aleatorio. Los módulos Ethernet se deben fijar a la mitad-dúplex por estas razones cuando está conectado con los concentradores.

Conmutador Ethernet de capa 2

En las redes tenemos dispositivos que operan en la capa OSI 2 que se llaman un switch. Los conmutadores Ethernet son solo máquinas de alta velocidad que aceptansegmentos de datos entrantes y los desvían a través de la red de área local también conocida como LAN a su objetivo.

Conmutadores de Capa 3

En las redes informáticas, tenemos dispositivos que interconectan redes dispares, llamadas routers. Un router es un dispositivo de la capa 3 cuyo único propósito es transmitir los paquetes de datos a través de las redes únicas. Comunicación de una red a otra específicamente a través de límites geográficos.

Los routers también se pueden diseñar para evitar la comunicación entre dispositivos que se ejecutan en diferentes redes. La comunicación entre redes es el nombre dado a esta interacción que se produce entre redes y entre ellas. Por ejemplo, la conexión entre dos servidores Linux en diferentes redes de área local que intentan interactuar en el puerto TCP 80 se puede rechazar y solo uno puede clasificar el tráfico sobre la base de una sola dirección TCP de paquete.

Si usted está enviando los paquetes a través de diversas redes, usted necesita una dirección común del protocolo de Internet de ruteo abreviada a la dirección IP de cada nodo de red para asegurarse de que el router esté realmente vinculado a la LAN relacionada con la red. El administrador de red también debe especificar que los links se pueden enviar a los routers cercanos y si este conocimiento podría en cualquier área funcional o control de ruteo ser transportado a todo el router..

Los switches de capa 3, comúnmente conocidos como enrutadores de red, tienen típicamente solo dos interfaces que proporcionan conectividad a Internet a través de la conversión de una dirección de red o NAT. En otros términos, los routers sirven como puntos de entrada al mundo más amplio.

Cortafuegos

Las puertas de enlace de seguridad también conocidas como firewalls se pueden percibir como dispositivos de enrutamiento con características de control de tráfico más aumentadas, no solo por

119

puerto o dirección IP como hacen los enrutadores. En general, los esfuerzos no autorizados para subvertir la red TCP / IP pueden ser detectados por los firewalls. Una lista corta de características del Firewall comprende la reducción del tráfico a un cliente cuando se generan demasiados links insatisfechos a él, limitando el tráfico a direcciones IP claramente falsas y NAT, también conocidocomo servicios de traducción de direcciones de red. Los switches de capa tres se construyen para dar la cantidad insignificante de inspección para permitir que los paquetes se muevan lo más rápido posible. Los firewalls se utilizan para intentar asegurarse de que la información no se subvertir como se ha podido subvertir de la fuente y el destino del reenvío de paquetes como sea posible.

Además, los firewalls pueden establecer una ruta de datos cifrada a través de la Web entre dos redes privadas, lo que permite una comunicación segura con un riesgo significativamente menor de escucha. Estos canales de comunicación se denominan Redes Privadas Virtuales, abreviadas como VPN, y a menudo se utilizan para vincular oficinas satélite a la sede de la empresa, y también para permitir que los representantes de ventas accedan a información confidencial sobre precios mientras se ciudad a ciudad..

El protocolo de transferencia de archivos

Protocolo de transferencia de archivos, abreviado FTP, es el mejor programa para la transferencia de archivos entre ordenadores en red. La comprensión del programa FTP es particularmente vital ya que FTP es la técnica principal de transferencia de programas de software a un sistema Linux.

Hay esencialmente dos tipos de FTP, el primero de los cuales es **FTP regular,** que se utiliza principalmente para permitir que ciertos usuarios transfieran archivos a sus propios sistemas operativos. El servidor FTP distante le permite proporcionar un nombre de usuario y una contraseña para obtener la entrada a los datos.

Tenemos el siguiente tipo de FTP llamado **FTP anónimo,** que se utiliza principalmente para permitir que cualquier usuario distante transfiera y copie archivos a sus propios sistemas. El servidor FTP remoto solicita al usuario un nombre de usuario, momento en el que el usuario escribe anónimo o FTP con cualquier dirección de correo electrónico válida que sea la clave.

Es importante recordar que los nombres de usuario, las contraseñasy lainformación se envían sin cifrar a través de la red, lo que hace que FTP sea relativamente inseguro. Como parte del paquete De Capa Segura, se puede acceder a tipos más seguros como SFTP, conocido como FTP seguro, y SCP, también conocido como Secure Copy.

Capítulo 5

Redes Linux

Configuración de la tarjeta de red en Linux

Como hacker principiante es fundamental conocer las fases necesarias para configurar una dirección de protocolo de Internet en el adaptador de tarjeta de interfaz de red de su servidor. Es posible que los usuarios de Linux también necesiten estar familiarizados con la habilidad para agregar una interfaz NIC adicional al servidor. La configuración de la interfaz de red es una habilidad muy importante para todos los expertos de Linux.

En esta sección de libro se muestran los procesos comunes seguidos para establecer redes en el servidor.

¿Cuál es su dirección IP

Es fundamental que las personas de Linux conozcan la dirección IP del servidor; el comando ifconfig -a abajo muestra toda la información sobre una interfaz de red.

[ppeters@rad-srv -]$ ifconfig -a

ensp0 Link encap:Ethernet HWaddr 00:08:g7:30:34:y8

BROADCAST MULTICAST MTU:1500 Métrico:1

Paquetes RX:0 errores:0 cayó:0 overruns:0 marco:0

Paquetes TX:0 errores:0 cayó:0 overruns:0 portador:0

colisiones:0 txqueuelen:100

RX bytes:0 (0,0 b) TX bytes:0 (0,0 b)

Interrupción:11 Dirección base:0x1820

lo Link encap:Local Loopback

inet addr:127.0.0.1 Máscara:255.0.0.0

UP LOOPBACK RUNNING MTU:16436 Métrico:1

Paquetes RX: 787 errores:0 cayó:0 overruns:0 marco:0

Paquetes TX: 787 errores:0 cayó:0 overruns:0 portador:0

colisiones:0 txqueuelen:0

Bytes RX: 82644 (80,7 Kb) bytes TX:82644 (80,7 Kb)

wlan0 Link encap:Ethernet HWaddr 00:26:45:18:4D:G5

inet addr:172.16.2.200 Bcast:172.16.2.255
Máscara:255.255.255.0

UP BROADCAST RUNNING MULTICAST MTU:1500
Métrico:1

Paquetes RX:47379 errores:0 cayó:0 overruns:0 marco:0

Paquetes TX:107900 errores:0 cayó:0 overruns:0 portador:0

BYTES RX: 4676853 (4.4 Mb) TX bytes:43209032 (41.2 Mb)

Interrupción:11 Memoria:c887a000-c887b000

wlan0:0 Link encap:Ethernet HWaddr 00:26:45:18:4D:G5

inet addr:172.16.5.79 Bcast:172.16.5.255
Máscara:255.255.255.0

UP BROADCAST RUNNING MULTICAST MTU:1500
Métrico:1

Interrupción:11 Memoria:c887a000-c887b000

[root@bigboy tmp] #

En esta situación, no hay dirección IP en el gateway de red ensp0, puesto que el VirtualBox es su único NIC por medio de una tarjeta de acceso inalámbrica wlan0. El adaptador wlan0 tiene una dirección IP 172.16.2.200 y una máscara de subred 255.255.255.0; observará que este control proporciona los mejores datos de interrupción o el ID de bus PCI que utiliza el dispositivo. Observa que su tarjeta NIC no funciona en muy raras ocasiones porque tiene una interrupción y una conexión al almacenamiento con una red. Para obtener una base de datos de todas las IRQ de interrupción que utiliza el sistema, puede acceder al contenido del directorio /proc/interrupts. En el ejemplo siguiente se muestra que no surgen problemas con cada IRQ de 0 a 15 con una sola aplicación. las tarjetas de interfaz ensp0 y ensp1, respectivamente, se utilizan para interrupciones de 10 y 5.:

[ppeters@rad-srv]$ gato /proc/interrumpe

CPU0

0: 2707402473 Temporizador XT-PIC

1: 67 XT-PIC i8042

2: 0 Cascada XT-PIC

5: 411342 XT-PIC ensp1

8: 1 XT-PIC rtc

10: 1898752 XT-PIC ensp0

11: 0 XT-PIC uhci_hcd

12: 58 XT-PIC i8042

14: 5075806 XT-PIC ide0

15: 506 XT-PIC ide1

NMI: 0

ERR: 43

[ppeters@rad-srv-]$

Si hay problemas, la documentación de Linux para la máquina infractora puede ser necesaria para tratar de encontrar maneras de utilizar una interrupción o memoria diferente posición de E / S.

Modificación de direcciones IP en Linux

La instrucción ifconfig anterior nos mostró que la interfaz ensp0 no tiene dirección IP y podemos asignar manualmente esta interfaz ensp0 una dirección IP usando el comando ifconfig como se muestra en la sentencia abajo.

[ppeters@rad-srv-]$ ifconfig   ensp0 172.16.0.1 netmask 255.255.255.0 arriba

Al final de la instrucción, el "arriba" conmuta en la interfaz de red. Tendrá que aplicar esta instrucción al archivo de texto /etc/rc.local que se ejecuta al inicio de cada reinicio para que sea permanente cada vez que arranque.

En la pestaña /etc/sysconfig/network-scripts, Centos Linux a menudo hace la vida más fácil con los archivos de configuración de interfaz. La interfaz de red de configuración ensp0 tiene un archivo ifcfg-ensp0 y ifcfg-eth1 es utilizado por eth1, y así sucesivamente. Puede pegar su dirección IP en estos archivos, que luego se utilizan para configurar sus NIC automáticamente cuando se inicia Linux. En primer lugar, la interfaz de red inicial tiene una dirección de Internet establecida y, en segundo lugar, está disponible una asignación de dirección IP que utiliza DHCP.

Network Script Text File en CENTOS

[ppeters@rad-srv -]$ cd /etc/sysconfig/network-scripts

[ppeters@rad-srv network-scripts]- cat ifcfg-ensp0

#

• Archivo: ifcfg-ensp0

#

DISPOSITIVO-ensp0

IPADDR-172.16.2.200

NETMASK 255.255.255.0

BOOTPROTO-static

ONBOOT-yes

#

• Los siguientes ajustes son opcionales

#

DIFUSIÓN 172.16.2.255

RED 172.16.2.0

[ppeters@rad-srv network-scripts] #

[ppeters@rad-srv tmp]- cd /etc/sysconfig/network-scripts

[ppeters@rad-srv network-scripts]- cat ifcfg-ensp0

#

• Archivo: ifcfg-ensp0

#

DISPOSITIVO-ensp0

BOOTPROTO-dhcp

ONBOOT-yes

[ppeters@rad-srv network-scripts]$

Como puede ver, ensp0 se activa durante el proceso de arranque del sistema Linux, ya que el parámetro ONBOOT se establece en sí o no.

La versión estándar de CENTOS/Red Hat proporciona opciones de difusión y red en el archivo de texto de scripts de red. Esto es discrecional.

Debe deshabilitar y habilitar la tarjeta de red para que las modificaciones que realice tomen forma, después de haber modificado los valores de los archivos de configuración de la NIC. Puede hacerlo utilizando los comandos ifdown y ifup:

[ppeters@rad-srv network-scripts]$ ifdown ensp0

[ppeters@rad-srv network-scripts]$ ifup ensp0

Se requiere una puerta de enlace predeterminada para que el servidor se comunique con Internet. Esto se discutió en la sección anterior.

DHCP y DNS Server Settings

El servicio DHCP no solo proporciona su dirección IP, sino también la dirección del servidor DNS necesaria. Cuando utilice DHCP en un dispositivo, asegúrese de comprobar las líneas de configuración de su archivo /etc/resolv.conf para evitar cualquier conflicto..

Dirección IP Unenlace

Es posible que haya encontrado dos interfaces Wi-Fi en la sección anterior titulada "Determinación de su dirección IP": wlan0 y wlan0:0. El wlan0:0 interfaz es una interfaz secundaria wlan0, una subinterfaz digital que también se considera un alias IP. El direccionamientoIPmúltiple, también conocido como alias IP, es una de las forma más populares de proporcionar una sola NIC con varias direcciones IP. Los alias tienen el parent-interface-name: X id style, donde X es el entero de subinterfaz de su preferencia.

El procedimiento de configuración de un alias de dirección IP es idéntico al proceso descrito para establecer una dirección IP para la interfaz principal en la sección anterior, "Modificación de su dirección IP":

(1) Asegúrese de que la interfaz primaria real existe;

(2) Aseegurese que no existen otros alias de dirección IP con este mismo nombre de interfaz con la identidad que usted quiere utilizar.

(3) Aquí es donde queremos generar el wlan0:0 Interfaz

(4) Genere o configure una interfaz virtual con solo el comando ifconfig como se muestra en el ejemplo siguiente

[ppeters@rad-srv tmp]$ ifconfig wlan0:0 172.16.2.9 máscara de red 255.255.255.0 arriba

130

- El /etc / sysconfig / network-scripts / ifcfg-wlan0:0 archivo de configuración también debe ser generado para que administremos y controlemos automáticamente todos los alias con los comandos ifup y ifdown:

DISPOSITIVO-wlan0:0

ONBOOT-yes

BOOTPROTO-static

IPADDR-172.16.2.9

NETMASK 255.255.255.0

La instrucción de línea de comandos de Linux para activar y desactivar los alias de dirección IP se muestra a continuación:

[ppeters@rad-srv tmp]$ ifup wlan0:0

[ppeters@rad-srv tmp]$ ifdown wlan0:0

Nota: La terminación de la interfaz de red principal siempre apaga todos sus alias simultáneamente. Los alias se pueden deshabilitar independientemente de todas las demás interfaces de alias. Usted debe poder hacer ping el nuevo alias IP de otros servidores en su red después de seguir estos cuatro pasos de configuración simples descritos en la sección anterior.

Capítulo 6

Linux Shell Scripting

U n script de shell es un programa informático escrito en un archivo de texto y está destinado a ser ejecutado en la línea de comandos de Linux por el programa de shell de Linux; esto podría ser el Bourne Shell, el Shell C, el Korn Shell y por último el Bourne-Again Shell o bash

El shell de Linux es esencialmente un intérprete de línea de comandos de Linux. Los trabajos de Linux más básicos y estándar ejecutados por scripts de shell incluyen automatización, administración de archivos, ejecución de programas y visualización de texto.

¿Qué es un script de Shell?

Un script de shell de Linux tiene muchos conceptos necesarios y vinculantes que indican al ecosistema de shell lo que se debe hacer y cuándo debe hacerse. La mayoría de los scripts de shell de Linux son complicados.

El script de shell de Linux es un lenguaje real de programación como su Java, y viene integralmente con parámetros o variables, estructuras de control de flujo de programa y instrucciones de bucle. No importa lo complejo que se ponga un script de shell, es fundamentalmente una lista de comandos de shell de Linux procesados consecutivamente o en secuencia.

El script de shell siguiente utiliza el programa de lectura o utilidad de **Linux** para tomar la entrada del STDIN o el teclado y lo coloca como el valor de la variable llamada NAME y finalmente lo muestra en la consola del terminal STDOUT.

¡Bin/bash

Autor: Phillip Peters

\#

eco "Por favor escriba su nombre?"

leer NOMBRE

eco "Buen día, $NAME"

Resultado ilustrado del script anterior:

$./test.sh

¿Por favor escriba su nombre?

Kyrie Peters

Buenos días, Kyrie Peters

$

¿Qué es uninfierno de Linux S?

Un Shell de Linux le da un comando-interfaz de terminal delínea que es una integración con el kernel de Linux debajo. El shell de Linux recibe la entrada del usuario y ejecuta programas de aplicación sobre la base de esta entrada de datos. Cuando un programa termina de funcionar, se mostrará la salida del sistema.

Shell es una interfaz de líneas de comandos y terminales que nos ayuda a ejecutar nuestras instrucciones, programas y scripts de shell. Hay diferentes estilos de shell al igual que los sistemas operativos Linux son diferentes. El crecimiento de la forma de shell de Linux tiene su propia colección de comandos y funciones.

El símbolo del sistema de Shell en Linux

El terminal de Linux o el símbolo del sistema de shell, $, que también se denomina símbolo del **sistema**, es el signo dado por el shell queestá tomando en comandos. Los usuarios de Linux pueden escribir sus comandos mientras se muestra el mensaje.

Cuando está escribiendo en el shell, usted señala al prompt que usted quiere procesar lo que usted ha escrito ya presionando Enter. Cada vez que el usuario presiona el botón Intro en su teclado, el shell de Linux lee los datos de entrada en el terminal. La dirección que desea seguir se define señalando la primera palabra de la salida. En Linux una palabra es una cadena de caracteres que son continuos.

Linux Shell Variants

El sistema operativo Linux incluye dos categorías principales de shells de comandos-líneas, a saber, la categoría de shell Bourne con un símbolo de comando estándar, el $sign de dólar y la categoría de shell C con un símbolo de porcentaje % como símbolo de solicitud predeterminado. La categoría de shell Bourne se divide en primer lugar en el shell bourne, abreviado sh, seguido por el shell Korn, representado por la palabra clave ksh. El tercer tipo de proyectil bajo la categoría de shell bourne se llama bourne-again-shell o bash para abreviar, y por último tenemos el proyectil POSIX, abreviado sh. La categoría de vaciado C tiene dos subtipos prominentes, a saber, el vaciado C, abreviado csh primero y el shell TENEX, abreviado tcsh, Tops C y TENEX.

En la mayoría de las versiones de Linux, Bourne Shell se instala normalmente en el directorio /bin/sh. El primer shell de Linux fue el shell Bourne. Es por eso que Bourne es el shell de elección para varias distribuciones de Linux para componer scripts de shell en. Abordaremos los conceptos de shell más relevantes de Bourne Shell en este párrafo.

Shell Scripting para Beginners

Un script de shell se basa en un conjunto de comandos definidos en una cadena de ejecución. El script con instrucciones, declaraciones seguidas de un signo de - que describe las acciones que se van a realizar, son un ejemplo de un script de shell de Linux bien formado.

Además de las condiciones y pruebas realizadas, tenemos instrucciones condicionales y pruebas, como el valor X es más que el valor Y. En Linux tenemos instrucciones de bucle condicional que nos permiten conducir volúmenes de datos masivos, lectura y almacenamiento de datos de archivos, variables de lectura y almacenamiento de datos y la funcionalidad se puede incorporar en el script de Linux. No compilamos scripts como la mayoría de los lenguajes de programación.

Un Example Script

Crearemos un archivo de texto de script de shell llamado example.sh. Tenga en cuenta que tenemos the.sh extensión como nuestro sufijo de archivo de texto cuando estamos escribiendo scripts en todos los entornos de shell. Una vez que escriba un script para el shell, primero debe recordar al sistema operativo la existencia de un archivo de shell. Utilizamos el formato shebang para informar a los usuarios del script de shell. Por ejemplo, si está escribiendo un script de shell Bourne, debe comenzar todos los archivos de script con los siguientes caracteres.

¡Bin/sh!

Si está escribiendo un script para el shell bash, declara el script como se indica a continuación:

¡Bin/bash

¡La combinación de shebang de ! es el símbolo que le dice al kernel del sistema Linux que las siguientes operaciones deben ser realizadas, ya sea por el shell Bourne o Bourne-Again Shell. Esta secuencia se llama shebang porque tenemos el símbolo hash #and el símbolo bang!.

Su primera posición es la línea shebang y luego inserte los comandos para construir un script que contenga estos comandos a continuación:

¡Bin/bash

cd ?

Pwd

Shell Scripting Comments

Cuando está creando scripts en el shell de Linux, siempre es una buena práctica incluir comentarios para describir lo que está haciendo su script

!/bin/tcsh

• Guión hecho por James Muswe

Fecha:[12] de mayo de 2019

• El script comienza debajo de esto es sólo un comentario

cd ?

Pwd

ls

Después de escribir el script en el archivo de texto, es importante guardar el script y hacerlo ejecutable en el terminal de shell. La mejor manera de hacerlo es usando el comando chmod como se ilustra a continuación.

[root@uofzdevops de la example.sh de [root@uofzdevops] chmod +x

Después de cambiar el modo a ejecutable, el siguiente paso es ejecutar el script en su terminal. Esto se hace como se muestra a continuación:

[root@uofzdevops ./example.sh

Tras la ejecución, tendremos la siguiente salida

[root@uofzdevops] vim example.sh

[root@uofzdevops de la example.sh de [root@uofzdevops] chmod +x

[root@uofzdevops ./example.sh

/root

anaconda-ks. cfg Dockerfile ejemplo.sh nginx Pi-hole ppeterszw

138

[root@uofzdevops] #

Nota: Para ejecutar un programa de shell existente en el directorio de trabajo actual, utilizamos **./script_name**

Scripts de Shell extendidos

Los scripts de shell de Linux tienen muchas estructuras esenciales que informan al sistema de shell de qué hacer y cuándo hacerlo. Tenemos scripts de shell Linux más sofisticados

El scripting de shell de Linux se considera un lenguaje real de programación que trae consigo construcciones de lenguaje de programación como variables, instrucciones condicionales y bucles. Independientemente de lo complejo que sea un script, sigue siendo solo una colección del conjuntode comandos completado secuencialmente.

El script de shell siguiente **your_age.sh** utiliza la utilidad de **lectura** que analiza la entrada del teclado y le asigna un valor de la variable AGE y muestra el resultado a STDOUT.

¡Bin/bash

Escrito por: Daniel Peters

N.o 5 de octubre de 2019

eco "Por favor, introduzca su edad?"

leer AGE

139

eco "Tienes $AGE años"

A continuación tenemos el resultado de ejecutar el script your_age.sh

```
[ppeters@uofzdevops]$ chmod +x your_age.sh

[ppeters@uofzdevops]$ ./your_age.sh

Por favor, introduzca su edad?

34

Tienes 34 años

[ppeters@uofzdevops ]$
```

Shell Scripting Variables

En esta sección del libro, vamos a discutir el uso de variables de shell en secuencias de comandos de Linux. Una variable, también denominada parámetro, es una cadena alfabética a la que se asignan valores. El valor asignado a una variable puede ser un dígito, texto, nombre de un archivo, equipo o cualquier tipo de datos.

Una variable es esencialmente un puntero a los datos reales. El shell de Linux permite a los usuarios de Linux diseñar, asignar y eliminar variables.

Nombres de variables

El nombre de la variable en el shell puede incluir sólo letras del alfabeto [a a z o de la A a la Z], dígitos numéricos que van de 0 a 9 y el símbolo de subrayado (_).

Convencionalmente, las variables de shell tienen nombres UPPERCASE.

A continuación tenemos ejemplos de variables de shell:

_AMOUNT

SYMBOL_1

VARIABLE_A

VARIABLE_b

No podemos utilizar los siguientes símbolos ! , *o − porque el shell de Linux les atribuye un significado especial.

Definición devariables del infierno S

Podemos definir variables de shell como se ilustra a continuación;

VAR_NAME-VAR_VALUE

SURNAME"MUKWESHA"

La ilustración anterior indica una variable llamada SURNAME y asigna el valor "MUKWESHA" a ella. Estos tipos de parámetros se denominan **variables escalares.** Los parámetros escalares son capaces de contener un solo valor.

Acceso a Value de Variable

Prefijamos el nombre de la variable o parámetro con el signo de dólar ($) para acceder asu valor.

El script de ejemplo siguiente accederá al valor definido de la variable SURNAME y lo mostrará en STDOUT:

¡Bin/bash

SURNAME"MUKWESHA"

$SURNAME de eco

Leer-Only Variables

En Shell de Linux podemos marcar los parámetros como de solo lectura mediante el uso de la instrucción de solo lectura. No podemos cambiar el valor de una variable de solo lectura.

El script de ejemplo siguiente genera un mensaje de error al intentar modificar el valor de variable de AGE:

!/bin/tcsh

EDAD 45

readonly AGE

EDAD 23

El script de shell anterior dará la salida siguiente:

/bin/tcsh: AGE: Esta variable es de lectura-sólo.

Variable Unsetting

Podemos eliminar una variable en el script de shell para asegurarnos de que el shell deja de rastrearla a través de la variable unsetting. Una vez que una variable está sin establecer, no es posible tener acceso al valor almacenado en esa variable.

A continuación se muestra la sintaxis de variable sin establecer para unset;

name_of_variable **sin** establecer

A continuación estamos desconfigurando la variable definida AMOUNT.

!/bin/tcsh

IMPORTE 250

CANTIDAD no establecida

$AMOUNT eco

El ejemplo anterior no muestra algo a la consola del terminal. No es posible **desestablecer** la **lectura:solo** las variables en las secuencias de comandos de shell.

Tipos de variables de vaciado

Tenemos principalmente los tipos de variables cuando se ejecuta un shell. La primera es la **variable local** que es una variable que existe dentro de la sesión actual del shell de Linux. Estas variables no están disponibles para los programas abiertos o iniciados por el shell. Estas variables se establecen en el símbolo del sistema. En segundo lugar, tenemos lo que se denomina **variables** de entorno que son variables que son accesibles para los procesos secundarios de cualquier shell de Linux. Ciertas aplicaciones requieren que estas variables de entorno funcionen con precisión. Normalmente, los scripts de shell describen simplemente los parámetros de entorno requeridos por las aplicaciones que ejecuta.

Por último, tenemos **variables** de shell que son un parámetro especial normalmente fijado por el shell de Linux; estos son obligatorios para que el shell funcione correctamente. Varios de estos parámetros son variables de entorno o variables locales.

Variables especiales de la cáscara

Esta sección del libro es una discusión sobre variables de shell especiales. Hay una serie de caracteres mencionados en la sección anterior que no están permitidos para su uso en las variables de shell de nomenclatura. La razón principal de esto es que esos caracteres se utilizan en las variables de shell especiales de nomenclatura. Las variables especiales se destinan para su uso con funciones específicas.

Por ejemplo, el símbolo de dólar o el signo **$** en el shell denota el número de ID de proceso, también conocido como PID, del shell actual

    $echo $$

La sentencia o el comando anterior muestra el ID de proceso del shell actual

    156787

En la tabla siguiente se muestran una serie de variables especiales que puede utilizar en los scripts de shell

#	La variable &la descripción
1	**$0** **Esta variable especial muestra el** nombre de archivo del script actual.
2	**$n** Estas variables especiales dependen del número de argumentos con los que se llama a un script. La variable **n** es un número no negativo que representa la posición del argumento actual (el argumento inicial siempre es $1, el argumento que sigue es $2 y así sucesivamente).

3	**$ #**
	Esto muestra el recuento de argumentos proporcionado al script bash.
4	**$***
	En Linux citamos dos veces todos los argumentos. Si introducimos dos argumentos en un script bash, entonces $* es igual a $1 $2.
5	**Nos** ponemos individualmente una cita doble en todos los argumentos. Si una secuencia de comandos bash obtiene dos argumentos, $- da como resultado $1 $2.
6	**$?** Esta variable especial es el estado de salida del último comando ejecutado.
7	**$$** Esta variable especial anterior muestra el número de ID de proceso del shell bash actual. Para todos los scripts bash, $$ detalla el ID del proceso bajo el cual se ejecutan.
8	**$!**
	Esta variable muestra el número de ID de proceso del comando en segundo plano que se ejecutó por última vez.

Shell Command-Line Arguments

Los siguientes parámetros de línea de comandos $1, $2, $3, ...$9 se denominan argumentos posicionales, con $0 apuntando al comando real, programa, script de shell o función y $1, $2, $3, ...$9 como el primero, segundo hasta el noveno argumento al comando.

El script de ilustración siguiente utiliza numerosas variables especiales asociadas con el shell.

¡Bin/bash

eco "Nombre del archivo: $0"

eco "Parámetro Uno: $1"

eco "Parámetro Dos: $2"

eco "Valores dobles citados: $"

eco "Estos valores citados: $*"

eco "Número agregado de argumentos: $"

Parámetros especiales $* y $ @

Hay parámetros únicos y especiales que permiten leer todos los argumentos de la línea de comandos a la vez. Los parámetros $*y

$- juntos se comportarán de forma idéntica a menos que estén rodeados de comillas dobles, "".

Los dos parámetros denotan los argumentos de la línea de comandos. Sin embargo, el parámetro especial "$*" toma toda la lista como un argumento con espacios entre y el parámetro especial "$" toma la lista completa y la separa en argumentos independientes.

Podemos escribir el script de shell como se muestra a continuación para procesar un número desconocido de argumentosde línea-argumentos delínea con los parámetros especiales $* o $-

¡Bin/sh!

para TOKEN en $*

hacer

$TOKEN de eco

Hecho

Estado de salida del vaciado Variable

¿El signo de dólar y el signo de interrogación **$?** variable significa el estado de salida del comando anterior.

El estado de salida de Shell de Linux es unvalor aritmético n outputd por cada comando en su conclusión. Como reglamento, todos los comandos correctos devuelven un estado de salida de 0 y 1 si se produce un error.

Tenemos algunos comandos que devuelven estados de salida adicionales para intenciones específicas. Por ejemplo, algunos comandos distinguen entre las clases de errores y producirán varios valores de salida que dependen del tipo concreto de error.

Usando unarrays en el infierno Script

Vamos a iniciar una discusión sobre cómo utilizar matrices de shell en Linux en esta sección del libro. Todas las variables de vaciado escalar solo pueden contener valores individuales.

Linux Shell aprovisiona un tipo distintivo de variable llamado **variable de matriz.** Esta variable de matriz es capaz de contener varios valores simultáneamente. Las matrices agrupan los conjuntos de variables. Podemos usar una única variable de matriz que contiene todas las demás variables en lugar de generar un nuevo nombre para cada variable requerida.

Todas las directrices de nomenclatura de las que hablamos para variables de shell son todas aplicables a la nomenclatura de variables de matriz.

Definición de valores de matriz

La distinción entre una variable de matriz y una variable escalar se puede describir de la siguiente manera. Supongamos que está intentando representar como una colección de variables los nombres de diferentes alumnos. Cada uno de los nombres es una variable escalar.

ARR_NAME01"James"

ARR_NAME02"Pedro"

ARR_NAME03"Martin"

ARR_NAME04de "Samson"

ARR_NAME05"Linda"

Para almacenar todos los nombres enumerados anteriormente, podemos usar una sola matriz. La forma más fácil de crear una variable de matriz es seguir el ejemplo siguiente. Esto permite asignar un valor a uno de sus índices.

arrayname[index]-value

Desde arriba, el nombre de la matriz es *arrayname*y el *índice* es el índice de un elemento de la matriz que se debe establecer, y value es lo que desea establecer para ese elemento.

El siguiente ejemplo:

ARR_NAME[0]"James"

ARR_NAME[1]"Pedro"

ARR_NAME[2]"Martin"

ARR_NAME[3]"Samson"

ARR_NAME[4]"Linda"

La sintaxis de una inicialización de matriz, utilizando el shell **bash,** se muestra a continuación:

nombredematriz(value01 ... valueN)

Cómo acciss a ccess una matriz Values

Después de establecer una variable de matriz, puede acceder a ella como se muestra a continuación:

$'arrayname[index]

El nombre de la matriz anterior es *arrayname*y el *índice* es el índice del valor que se va a procesar. A continuación se muestra el ejemplo para acceder a los valores de matriz:

¡Bin/sh!

ARR_NAME[0]"James"

ARR_NAME[1]"Pedro"

ARR_NAME[2]"Martin"

ARR_NAME[3]"Samson"

ARR_NAME[4]"Linda"

eco "Indice One: $-ARR_NAME[0]""

eco "Indice Dos: $-ARR_NAME[1] "

A continuación se muestra el resultado de ejecutar el script bash anterior:

[ppeters@rad-srv]$./peters_test.sh

Index One: James

Indice Dos: Peter

A continuación se muestran las alternativas para acceder a matrices:

$'arrayname[*]

$'arrayname[']'

El nombre de la matriz es **arrayname** . A continuación se muestra el script bash para ilustrar cómo acceder a matrices:

¡Bin/sh!

ARR_NAME[0]"James"

ARR_NAME[1]"Pedro"

ARR_NAME[2]"Martin"

ARR_NAME[3]"Samson"

ARR_NAME[4]"Linda"

eco "Nuestro Método Uno: $-ARR_NAME[*]"""

eco "Nuestro Método Dos: $-ARR_NAME[-]-"

El resultado del script bash:

[ppeters@rad-srv]$./peters_test.sh

Nuestro Método Uno: James Peter Martin Samson Linda

Nuestro Método Dos: James Peter Martin Samson Linda

Shells en Linux, particularmente bash, es compatible con una serie de operadores. En esta sección se analizarán en detalle los diferentes operadores.

En Linux bash shell hay operadores aritméticos, relacionales, booleanos, cadenas y de prueba de archivos.

Originalmente, el shell no tenía un mecanismo para realizar operaciones aritméticas; utilizaba programas externos, como **awk** o **expr**.

El ejemplo siguiente ilustra cómo agregar dos dígitos:

¡Bin/sh!

val_add'expr 5 + 9'

eco "El valor añadido total es: $val_add"

El resultado del script anterior:

El valor añadido total es: 14

Hay una serie de puntos a tener en cuenta mientras se realiza la adición de la adición de la adición de la adición de la adición de la adición de la

- Debemos tener espacios entre los operadores y las expresiones. Por ejemplo, 6+9 es incorrecto; debe escribirse como 6 + 9.

- La expresión de adición aritmética debe colocarse entre backticks' '.

Toma de decisiones de Bash Shell

En esta sección, vamos a discutir la toma de decisiones de shell bash en Linux. Dadas dos rutas de acceso en el scripting de shell bash, hay situaciones en las que necesita adoptar una única ruta de acceso fuera de la elección de dos. Las instrucciones condicionales

154

se utilizan para permitir que el programa tome las decisiones correctas y realice las acciones correctas.

Linux Bash Shell promueve instrucciones condicionales basadas en acciones distintas que se usan para llevar a cabo acciones distintas. Tenemos principalmente dos declaraciones bash utilizadas en la toma de decisiones:

- El golpe **si... otra** declaración de decisión

- El **caso bash... declaración de** decisión esac

La ceniza Bsi... else Decision Statements

Para la toma de decisiones en bash, utilizamos if-else, que se puede utilizar para elegir una opción de una serie de opcionesdadas.

Linux Bash Shell utiliza las siguientes formas de **if... otra** declaración:

- Si... fi declaración

- Si... Más... fi declaración

- Si... Elif... Más... fi declaración

En bash, varias de las **instrucciones if** utilizan operadores relacionales para comprobar las relaciones.

Declaración de Bash C ase

La sentencia bash case, también conocida como el caso... esac instrucción en bash scripting, es una instrucción de flujo condicional que se utiliza para reemplazar instrucciones if-elif anidadas.

La instrucción case-esac es una alternativa sólida a las instrucciones de flujo condicional if-then-else-if de varios niveles. Este método de flujo condicional permite al usuario hacer coincidir un número de valores con una variable. Las instrucciones Case controlan varias condiciones de bifurcación de forma más eficiente que las anidadas si... declaraciones elif.

Tenemos el caso... ilustración esac a continuación:

```
case $var_name in

condition01)
        command01
        …
        …
        command0N
        ;;

condition02)
        command01
        …
        …
```

```
command
;;
*)
```

Esac

El **caso... esac** declaración en bash shell se ve muy similar al **switch... case** usado en lenguajes de programación tradicionales como **Java** o **C++** y **PERL**.

Bash Loop Constructs

El scripting Bash utiliza construcciones de programación similares utilizadas en nuestros lenguajes de programación tradicionales como Java y C++. Bash utiliza bucles para tomar una serie de comandos y seguir ejecutándolos hasta una determinada condición. Las construcciones de bucle se utilizan principalmente para automatizar tareas repetitivas y rutinarias en Linux. Hay principalmente tres estructuras de bucle utilizadas en bash scripting a saber; mientras, hasta y para bucles.

Anidación Loops en Bash

Bash permite el uso de bucles dentro de otros bucles, un proceso llamado anidamiento. En esencia, un usuario puede poner un bucle while dentro de otro bucle while.

Mientras que Loop Nesting

Podemos colocar un bucle while dentro de otro bucle while cuando estamos creando nuestros scripts bash como se ilustra a continuación.

Sintaxis

mientras que commandname01 ; Este es el bucle exterior

hacer

Las instrucciones que se ejecutarán si commandname01 es true

mientras que commandname02 ; Este es el bucle interno

hacer

Las instrucciones que se ejecutarán si commandname02 es true

Hecho

Aquí poner las instrucciones que se ejecutarán si commandname01 es true

Hecho

Capítulo 7

Fundamentos del scripting de Perl

Los lenguajes de scripting son un tipo de lenguaje de programación ligero que normalmente se crea mediante estructuras de programación de alto nivel, lo que facilita su aprendizaje. Aunque no hay una definición fija de lo que constituye un lenguaje de scripting, algunas de las características comunes de estos lenguajes son que se interpretan, lenguajes sin tipo con tipos complejos nativos y, finalmente, con la recolección automatizada de elementos no utilizados.

Interpretó Language

Los lenguajes de scripting suelen ser traducidos por un intérprete en software de nivel de máquina durante el tiempo de ejecución, en lugar de compilarse antes de convertirse en un ejecutable. Mientras que esto da lugar a un golpe de rendimiento ya que cada línea debe traducirse sobre la marcha, esto permite la portabilidad entre los sistemas más simples.

Anguage tipo Less L

Sin necesidad de definir específicamente su tipo, las variables se pueden utilizar para transportar cualquier tipo de datos. Aunque esto puede facilitar la ejecución de errores de diseño, facilita el aprendizaje del lenguaje y puede mejorar la legibilidad del script.

C omplex Dincorporadoen los ypes T

Shell scripting al igual que la mayoría de los lenguajes de programación tiene una serie de tipos de datos de programación compuesta como cadenas, matrices, listas y hashes.

Recolección automatizada de basura

El lenguaje de scripting Shell proporciona una función de recolección de elementos no utilizados automatizada que es básicamente la liberación de la memoria volátil del sistema utilizada por los datos. Esto ayuda a reducir la probabilidad de fugas de memoria del sistema durante la ejecución del programa. Perl, que significa Practical Extraction Report Language, es un lenguaje de scripting simple que fue creado por Larry Wall con el propósito de recopilar información de archivos de texto y para preparar y publicar informes a partir de los datos e inteligencia recopilados. Se conoce como un lenguaje interpretado.

Perl es un lenguaje flexible y omnipresente que se encuentra en una variada variedad de sistemas operativos para PC porque, al igual que Linux, Perl se distribuye de forma gratuita. Además, Perl es popular como lenguaje de scripting entre muchos usuarios expertos de Linux, hackers y administradores de sistemas.

En Linux, cualquier shell, Perl o *python script* es un código fuente de programación ligero y el script de palabras se utiliza de forma similar como simplemente un programa. Los scripts no son nada similares a Java, Python y otros lenguajes de programación de altonivel que necesitan ser compilados en un lenguaje intermediario. Todos los lenguajes de scripting como Perl y bash son lenguajes interpretados que no se compilan. La palabra, script, se utiliza para describir y representar el código interpretado que está escrito en el lenguaje de programación de un shell de Linux o en el lenguaje Perl.

Comprobación de si Perl estánstalled

El primer paso al comenzar con secuencias de comandos Perl en Linux es comprobar si Perl está configurado y configurado en su sistema operativo. Usamos la declaración que Perl para averiguar como se muestra a continuación:

Escribimos el comando [que Perl]

Linux shell's que la utilidad informa al usuario si ha encontrado el programa que estamos buscando en las carpetas mostradas de Linux en la variable de entorno llamada PATH. Obtenemos la salida de ejemplo a continuación en Linux si el programa Perl está instalado:

Teblamos la declaración **/usr/bin/Perl**

Cuando la utilidad o el comando informa n.o de que no existe tal aplicación en el PATH del entorno, esto no implicanecesariamente que Perl no esté instalado; esto puede indicar que no tiene la carpeta /usr/bin en PATH. Es fundamental que /usr/bin iesté configurado en la variable de entorno PATH; después de haber introducido la instrucción echo $PATH se espera que descubra el mensaje de comando que contiene esta respuesta los directorios PATH). Utilice el siguiente comando para definir PATH si /usr / bin no está en la variable de entorno PATH:

exportar PATH-$PATH:/usr/bin

Después del proceso anterior, el usuario debe escribir la **instrucción which Perl** de nuevo en la línea de comandos. Obtener un error puede ser una señal de que Perl puede no estar instalado en la configuración de Kali Linux. Puede instalar Perl en Kali Linux utilizando el comando apt-get install.

apt-get instalar libpath-tiny-Perl

Después de la instalación de Perl, puede utilizar el siguiente comando para comprobar la versión de Perl instalado y también determinar si se instaló.

Perl -v

El resultado anterior le informa de la versión Perl instalada en su Kali Linux,

Guión de Perl Beginners

Perl es un lenguaje de scripting que tiene una serie de características del lenguaje de programación C, comenzaremos con una ilustración que muestra "Greetings, Perl World!! En la pantalla de la consola del terminal. Perl es un lenguaje de programación interpretado, este proceso se puede realizar directamente desde la línea de comandos si escribe la siguiente instrucción:

Perl -e 'print " Saludos, este es mi primer script de Perl!-n ";'

El sistema Kali Linux mostrará lo siguiente en la pantalla de la consola:

Saludos, este es mi primer script de Perl!- !

Este comando Perl anterior utiliza el modificador -e de la aplicación Perl para pasar el script Perl como parámetro de línea de comandos al intérprete de lenguaje Perl. Por ejemplo, la siguiente línea comprende el programa Perl:

imprimir "Saludos, este es mi primer script de Perl!-n";

Esta línea se puede convertir fácilmente en un script Perl simplemente colocando la línea en un archivo de texto. Al escribir el archivo de texto siempre se comienza con una instrucción de directiva para ejecutar el programa Perl como lo hacemos en scripts de shell de Linux. Debemos comenzar nuestro archivo de texto con el shebang !/usr/bin/Perl para ejecutar el script Perl).

Perl Scripting Steps:

1   El usuario debe utilizar cualquier editor preferido de Linux como vi, nano o emacs, para poner las siguientes líneas en el archivo llamado **greetingworldperl**:

¡!/usr/bin/Perl

Este guion fue escrito por James 12/10/2019

• Todos los comentarios del guión de Perl aquí

imprimir "Saludos, este es mi primer script de Perl!-n";

2   Después de guardar el archivo anterior, cambie el modo a ejecutable utilizando el siguiente comando:

[ppeters@rad-srv-]$ chmod +x greetingworldperl

3   El usuario puede ejecutar el script Perl como se muestra a continuación:

[ppeters@rad-srv-]$ **./greetingworldperl**

¡Saludos, este es mi primer guión de Perl!

[ppeters@rad-srv-]$

Se realiza el primer script con el lenguaje de scripting Perl. La ilustración es su introducción al mundo del scripting Perl.

¡La primera fila de guiones de Perl comienza con el shebang! acompañado por todo el nombre de ruta del módulo Perl. Si la primera fila de un script comienza con el shebang, el shell de Linux sólo elimina el shebang! Símbolo y aplica el nombre de directorio del script al inicio y ejecuta el código. Por ejemplo, si el nombre de la secuencia de comandos se marca como greetingsperly la línea Perl está escrita como **!/usr/bin/Perl/,** el shell de Linux elimina el shebang y procesa el script como se muestra a continuación:

[ppeters@rad-srv]$ /usr/bin/Perl greetingsperl

En la fila o línea inicial del archivo de texto o script de Perl, también puede insertar ciertas opciones de Perl. El modificador u opción -w Perl es una característica que permite a Perl imprimir advertencias en el script perl sobre secuencias de comandos mal formadas, por ejemplo. Tener la alternativa -w en la fila Perl llamada por el analizador Perl es una buena idea. Por lo tanto, es importante utilizar la fila de script de ejemplo siguiente como la primera sección de los scripts en Perl:

[ppeters@rad-srv-]$!/usr/bin/Perl -w

Sintaxis básica de Perl

Específicamente, Perl es freeform como el lenguaje de programación C ya que no hay restricciones que se producen acerca de dónde se coloca la palabra clave con precisión. Por lo general, los scripts Perl o el código Perl se guardan en archivos de texto que tienen nombres con el prefijo .pl, sin restricciones a los nombres de

165

archivo que utilice. Cada declaración Perl termina en medio colon (;) al igual que en el lenguaje de programación C. Un signo de hash (-) marca el principio de una instrucción y el intérprete de lenguaje Perl en Linux no tiene en cuenta el resto del código que viene después de la marca hash como se representa con el signo de número.

Manipulación de variables

No es necesario definir o declarar variables Perl antes del uso como en otros lenguajes de programación estrictamente tipados como C. Una variable es fácil de reconocer en el código del programa Perl porque cada nombre de la variable utilizando símbolos o caracteres especializados para diferenciar entre varias variables, el carácter de texto , los caracteres de dólar de símbolo $ y el símbolo de porcentaje %. El tipo de parámetro se alude con estos símbolos o caracteres especiales.

Hay tres tipos de variables Perl, a saber, matrices escalares, matrices y matrices asociativas como se describe a continuación:

Los tipos de datos básicos son variables escalares: enteros, flotantes-números depunto y cadenas. Un símbolo de dólar $ se coloca antes del parámetro escalar en Perl. Estos son algunos ejemplos:

$max_chars a 256;

$book_title á "Secretos de Linux de hackers";

Un conjunto o secuencia de variables escalares se denomina matriz. Un parámetro de matriz tiene el prefijo del símbolo at. Por lo tanto, los siguientes conjuntos son ilustraciones de la variable de matriz:

@ages (24, 53, 42, 87);

@colors "rojo", "amarillo", "verde", "púrpura");

Las matrices asociativas son conjuntos de pares clave-valor por los que cada clave es una cadena y el valor es un parámetro escalar. Un rango asociativo se representa mediante un símbolo de porcentaje % prefijado en un nombre de variable. Puede conectar un nombre con un valor mediante matrices asociativas. Puede almacenar el volumen de su espacio en disco en la matriz asociativa para cada cliente como se muestra a below:

%space_usage ("raíz", 37178, "ppeters", 45557, "kpeters", 75675);

Debido al hecho de que cada tipo de variable tiene un prefijo común con varios tipos de variables, puede utilizar el mismo nombre Por lo tanto, el mismo código Perl puede incluir %disk_usage, @disk_usage y $disk_usage..

Variables escalares Usalvia

Un único valor como un entero o una cadena se puede almacenar en una variable escalar. La clase de datos básica en Perl es la variable escalar. El nombre de cada escalar comienza con un símbolo $ de dólar. Normalmente comienza a utilizar un escalar con una instrucción de asignación de inicialización, el valor predeterminado es null y el valor predeterminado de la matriz es un número en blanco. Es posible utilizar una variable sin inicializarla. Utilice la función especificada de la siguiente manera para ver si se ha establecido un escalador:

imprimir "Surname is undefined! ($surname definidos);

Cuando se establece $surname, el término ($surname definido) es 1. Mediante el uso de la función undef, puede deshacer ' un parámetro. Por ejemplo, se puede indefinir lo siguiente: $surname:

$surname indef;

El siguiente script inicializa e imprime varias variables: las variables se evalúan por context.:

¡!/usr/bin/Perl

$book_name á "Hackers por diseño";

$count_A a 650;

$count_B a 425;

$total_páginas_a- $count_A + $count_B;

imprimir "El título del libro es $book_name con páginas de $total_page";

Al ejecutar el programa Perl anterior, produce el siguiente resultado:

Nombre del libro: Hackers por diseño - 1075 páginas

Cuando se insertan las dos variables numéricas, se utilizan sus valores numéricos; pero cuando se escribe la variable $total, se muestra la secuencia.

Con el lenguaje de scripting Perl cuando ponemos comillas dobles "..." alrededor de un comando o sentencia, todos los parámetros allí se comprueban en secuencia. Sin embargo, si crea una lista entre comillas simples ' ... ', entonces el intérprete de Perl no se unirá a la columna. Al escribir el siguiente comando,

imprimir 'Título: nombre_$book -- páginas de $total n';

encerrar la declaración anterior en comillas simples da como resultado perl mostrando el resultado siguiente:

Título: $book_nombre_ -- $total páginas

Como habrá notado, la instrucción no tiene el cursor moviéndose a la siguiente línea.

Un parámetro predeterminado en Perl es el signo $_ de dólar adjunto al carácter de subrayado que es un carácter de énfasis. La declaración predeterminada se define como esta variable única. El analizador Perl determina el significado de esta función en función del contexto. Cuando el intérprete de Perl busca un tipo específico de datos, $_ mantiene una plantilla de solicitud genérica cuando el intérprete de Perl busca un patrón de texto determinado.

Tipo de datos de matriz de scripting Perl

Un tipo de datos de matriz en Perl es solo la colección escalar. La sintaxis o el esquema de la matriz de conjuntos comienza con la etiqueta . Al igual que el lenguaje de programación C, los índices de inicio de matriz comienzan en cero. Puede acceder a los elementos del conjunto a través de un índice. Perl asigna las matrices con procesamiento adaptable.

El texto siguiente es un ejemplo del uso de matrices en secuencias de comandos:

¡!/usr/bin/Perl

@colors "rojo", "amarillo", "verde" , "púrpura");

@colors $newcolors;

imprimir "Hay colores $newcolors.";

imprimir "El primer color es: $colors[0] sn";

El resultado de ejecutar el script Perl anterior se muestra a continuación

Hay 4 colores.

El primer color es: rojo

El escalar o el tamaño de la matriz es la misma suma total de componentes. Si el signo de la barra se convierte en un signo $ y, a continuación, se agrega un índice 0 a corchetes, se llama al primer componente de la matriz. La primera parte de la lista de @colors es llamada por $colors[0] como los índices de matriz comienzan en el número cero. Por lo tanto, el octavo elemento de @colors matriz se invoca escribiendo $colors[7].

Tenemos un total de dos tipos escalares que son especiales y están vinculados a la matriz. El parámetro $[es el índice de inicialización de matriz real y sigue siendo el número estándar cero. El escalar de array_name de $- tiene el valor de índice de la matriz final. Por lo tanto, $es 7 para la matriz @colors con un total de siete elementos.

Podemos usar el siguiente comando para enumerar todos los componentes de una matriz llamada colores que definimos anteriormente:

imprimir "@colors";

imprimir "n"

Cuando el intérprete de Perl procesa la declaración anterior. Obtenemos el siguiente resultado para la matriz @colors:

amarillo rojo verde púrpura

Perl Hashes

Vamos a discutir matrices asociativas que son esencialmente estructuras de datos conocidas como hashes, que parece ser una estructura de datos muy útil para la programación de lenguaje Perl. Un hash es una forma de conectar un conjunto de valores a un conjunto de claves ("claves"); un conjunto de pares de valores clave.

Por ejemplo, podría utilizar cadenas de caracteres como índice una matriz asociativa. La mejor ilustración o muestra de una matriz asociativa se denomina matriz %ENV que Perl describe rutinariamente y es un conjunto de variables de medio ambiente, a las que se puede acceder con un índice con un nombre de variable de medio ambiente. Esta declaración Perl muestra en la pantalla de la consola el parámetro PATH actual para el entorno:

[ppeters@rad-srv -]$ imprimir "PATH - $ENV-PATH-n";

El intérprete de Perl imprimirá la estructura PATH reciente. Además de indexar las matrices básicas, el usuario también debe usar corchetes para catalogar hashes. Perl tiene varias características incrustadas como pares de eliminación y clave-valor que le permiten utilizar estas estructuras de datos hashes.

Variables Perl predefinidas

Perl incluye varios parámetros que pueden proporcionar a su código Perl de scripting personalizado información valiosa. A continuación se enumeran varias variables predefinidas principales:

La variable @ARGV es un conjunto de cadenas que proporciona opciones de comandoylínea para el script. La primera opción es $ARGV[0] y $ARGV,[1] la segunda opción como mencionamos anteriormente que los índices de matrices comienzan en cero.

La variable predefinida **%ENV** es un conjunto de matrices asociativas que contiene variables del entorno del sistema Linux. El uso del nombre de la variable de entorno es una forma de obtener acceso a esta matriz. Por lo tanto,la variable **$ENV-HOME** es el directorio principal y **$ENV-PATH** es la ruta de búsqueda actual para la clave de control.

La variable predefinida **$_** en la mayoría de las funciones Perl es el parámetro predeterminado. Siempre que la función Perl se utilice sin parámetros ni argumentos, tenga en cuenta que probablemente está anticipando el argumento en la variable predefinida **$_**. La variable predefinida **._** es el conjunto de parámetros que se pasan a una subfunción Perl en un script Perl.

La variable predefinida **$0** es el representante del nombre de archivo del script que contiene el comando Perl. La variable de predifusión **$-V** especifica la versión del lenguaje Perl que se utiliza en el sistema Linux, por ejemplo, si la versión 6.1.0 está en uso, la salida de **$-V** será v6.1.0.

La variable predefinida **$<** especifica el ID de usuario del sistema Linux, que es solo un número único que identifica exclusivamente al usuario que ejecuta el script Perl. Esto es útil en Linux, ya que cada usuario tiene un ID.

La variable predefinida **$$** identifica el proceso número de identidad del script Perl, también conocido como PID.

Y por último, ¿el **$?** variable predefinida es un comando que especifica el estado del devuelto desde la última llamada del sistema.

Perl Expressions y Perators O

Para combinar y evaluar variables Perl, se utilizan operadores. Los operadores aritméticos típicos están agregando (+), deduciendo (-), multiplicando (*) y dividiendo (/). Perl y C contienen casi el mismo paquete de operador. Terminará con expresiones si utiliza operadores para combinar variables. Hay un valor para cada expresión.

A continuación se proporcionan varias expresiones Perl estándar:

temperatura < 0

$age 10

$count + $i

$cars[$i]

Los anteriores son instancias del método de comparación, el operador aritmético y el operador de índice de matriz. Todos los términos son iguales.

Expresiones regulares de Perl

Probablemente conozca la función Grep, que le permite buscar patrones de cadena de datos, si utilizó Linux (o cualquier versión de UNIX) durante un tiempo. Esto es común de Grep para localizar todos los archivos con cualquier aparición de bláster de cadena o Blaster-en cualquier fila de todos los archivos con nombres que terminan en.c.:

```
cd /usr/src/Linux*/drivers/cdrom
```

```
grep "[bB]laster" *.c
```

Los comandos anteriores producen la salida siguiente:

```
sbpcd.c: * Funciona con tarjetas compatibles con
SoundBlaster y con "sin sonido"
```

```
sbpcd.c: 0x230, 1, /* Soundblaster Pro y 16
(predeterminado) */
```

```
sbpcd.c: 0x250, 1, /* OmniCD por defecto, Soundblaster
Pro y 16 */
```

sbpcd.c: 0x270, 1, /* Soundblaster 16 */

sbpcd.c: 0x290, 1, /* Soundblaster 16 */

sbpcd.c:static const char *str_sb_l á "soundblaster";

sbpcd.c:static const char *str_sb á "SoundBlaster";

sbpcd.c: * sbpcd-0x230,SoundBlaster

sbpcd.c: msg(DBG_INF," arranque LILO: ... sbpcd-0x230,SoundBlaster-n");

sjcd.c: * la interfaz CDROM estilo SoundBlaster/Panasonic. Pero hoy en día, el

Como se muestra arriba, la utilidad grep anterior logró encontrar todas las incidencias de blaster y Blaster en el sistema de archivos con archivos con nombres que terminan en .c.

El argumento de la utilidad grep "[bB]laster" se considera una palabra estándar, una secuencia que coincide con una serie de cadenas. Con un conjunto limitado de operadores y reglas se crea una expresión regular similar a la de crear funciones matemáticas. Por ejemplo, un conjunto de caracteres entre corchetes([...]), corresponde a cada carácter del grupo. La cadena regular "[bB]laster" es, por lo tanto, serie o un conjunto de dos cadenas, como se indica a continuación:

blaster Blaster

Capítulo 8

Instalación de Kali Linux LAB

Este capítulo es un laboratorio para hacer que el usuario sienta cómo funciona Kali Linux. El laboratorio hará que el hacker principiante recopile información utilizando una de las herramientas de Linux en el conjunto de herramientas Kali Linux. Nos vamos a centrar principalmente en Hydra, Vega, Maltego y el servicio whois para recopilar información antes de configurar nuestros hacks.

Kali Linux es un proyecto decódigo abierto patrocinado por Offensive Security, un proveedor internacional de soluciones de seguridad de la información y pruebas de penetración. Offensive Security también financia el repositorio de ataques y la formación gratuita en línea, Metasploit Unleashed Además de Kali Linux.

1. Vaya al enlace http://www.kali.org/downloads/

2. Descargar una versión adecuada de la imagen Kali Linux basado en su "tipo de sistema", si es de 32 bits o 64 bits, por ejemplo para el sistema operativo de 64 bits se puede descargar Kali Linux **64 bit ISO**

3. **Usando Kali Linux en una máquina Host usaremos la imagen ISO para la instalación**

4. Necesitamos descargar e instalar Oracle VirtualBox desde

5. Para ejecutar Kali Linux en Oracle VirtualBox, vaya a start y escriba **Oracle VirtualBox** and Start the Application.

6. Cuando la aplicación está abierta, vaya al archivo -> nueva máquina virtual y siga el asistente para instalar Kali Linux. Vaya a través del proceso de selección de la imagen ISO de Kali Linux que descaró y luego instale el Kali Linux y selecciónelo de la lista en el lado izquierdo de la página y encibenda.

7. Después de la instalación, puede iniciar sesión en Kali Linux escribiendo su nombre de usuario raíz y contraseña, por ejemplo Nombre de usuario: Root Password: rootpass.

8. Después de iniciar sesión, puede abrir el menú Aplicaciones Kali Linux para ver todas las categorías de herramientas en su instalación. Vaya a La aplicación->Kali Linux para ver todas las herramientas de pruebas de penetración allí.

Kali Linux Maltego Utility

La herramienta Maltego de Kali Linux es un programa de inteligencia y análisis forense. La utilidad Maltego se utiliza para recopilar información y para investigaciones forenses digitales. Maltego proporciona la información que recopila en un formato muy intuitivo y flexible. Podemos usar la utilidad Maltego para recopilar información sobre una máquina, red o servidor de destino que podríamos querer hackear. El paso más importante en toda el hackeo es el paso de reconocimiento que se hace para reunir la información necesaria.

Llegamos a la utilidad Maltego a través de los siguientes pasos. En primer lugar, abra el menú de aplicaciones Kali Linux y busque aplicaciones y luego haga clic en "Top Ten Security Tools" y elija Maltego, y haga clic en él. Alternativamente, el usuario puede acceder a la utilidad Maltego a través de la interfaz de línea de comandos de Kali Linux escribiendo t Maltego.

El siguiente puerto de llamada es que cuando abra esta aplicación, se le requiere que se registre para obtener acceso a este paquete forense a través de su dirección de correo electrónico, si no ha abierto Maltego antes. Después del registro, puede iniciar sesión en la plataforma a través de su dirección de correo electrónico registrada y la contraseña que ya ha establecido.

Al abrir el paquete, puede ir a la pestaña de menú y hacer clic en un círculo en la esquina superior izquierda de la página; Seleccione Nuevo para iniciar una nueva instancia de Maltego. Cuando llegues al menú de la paleta maltego que se encuentra en el lado izquierdo de la página de Maltego, debes elegir tu dominio y arrastrarlo y soltarlo en el centro de tu página de Maltego.

Después de arrastrar y colocar, se espera que escriba el nombre del dominio en la vista de propiedades del dominio que se encuentra en el lado derecho del menú. Para el tipo de instancia www.hackersguide.com allí. Después de eso, hagaclic en el dominio y luego elija Ejecutar transformación y localizar Todas las transformaciones a DNS del sitio web. A continuación, haga clic en uno de los sitios web y elija Ejecutar transformación y encontrar todas las transformaciones y apuntar al sitio web de Server **Technologies**.

Después del paso anterior también puede derecha-haga clic en uno de los resultadosdel sitio web s y elija Ejecutar transformación; a continuación, todas las transformaciones y elija [**A dirección IP**].

El siguiente paso es seleccionar la dirección IP y elegir Ejecutar transformación y, a continuación, elegir todas las transformaciones y en el siguiente símbolo del sistema, seleccione Bloque neto con Whois para obtener la información del registrador whois. El Maltego le mostrará netblocks y después de eso a la derecha-hagaclic en uno de los bloques de red y seleccione Ejecutar transformación; luego vaya a elegir Toda la transformación que conduce a Location Country Netblock para comprobar el país en el que el bloque de direcciones está registrado en.

Después de los pasosanteriores, finalmente a la derecha-haga clic en uno de los sitios web y elija Ejecutar transformación, luego vaya a Todas las transformaciones y luego seleccione Espejo: direcciones de correo electrónico encontradas y compruebe si puede obtener alguna dirección de correo electrónico de los resultados.

Conclusión

Este libro es un libro para principiantes que introduce al alumno en el mundo del hackeo utilizando el sistema operativo Linux. El libro inicialmente facilita al lector en lo que es el sistema operativo Linux y las razones por las que los hackers prefieren el sistema operativo Linux para llevar a cabo su trabajo. (Negus, 2015)

El escritor pasó a introducir al lector a el hackeo, lo que es y los tipos de hackers que están allí en el mundo, que van desde sombrero negro a los hackers de sombrero blanco. Esta distinción de hackers también introdujo dos términos que se utilizan para significar dos cosas; hackers y galletas. El término hacker en este caso significaba un experto en TI que utiliza su experiencia para encontrar vulnerabilidades y debilidades en los sistemas de TI para asegurarse de que enchufar estas debilidades antes de que sean explotados por crackers maliciosos. Los crackers son lo opuesto a los hackers en que utilizarán el conocimiento del reconocimiento del sistema para causar daños a los sistemas de TI. Los crackers entran esencialmente en sistemas sin autorización y causandaños. (Ross, 2017)

El lector se sumerge en el mundo de Kali Linux, que es la distribución de elección para Linux, expertos en seguridad y TI para llevar a cabo pruebas de penetración, evaluaciones de vulnerabilidad del sistema, auditorías de seguridad de TI y otros tipos de ataques a los sistemas. El libro trabajó en los tipos de pruebas de penetración que están disponibles en la distribución de seguridad Kali Linux. El libro finalmente discutió dos tipos eminentes de scripting que son críticos para cualquier hacker que vale su sault; Scripting de Shell y scripting Perl. El siguiente libro de la serie realmente verá el uso real de Kali Linux y dos distribuciones de seguridad más. El libro intermediario también examinará el scripting python más frecuente, que ahora es mucho más utilizado y preferido en el hackeo que el scripting Perl. (Blum & Bresnahan, 2015)

Referencias

http://en.wikipedia.org/wiki/Penetration_test

Blum, R., & Bresnahan, C. (2015). *Linux ® Command Line y Shell Scripting Bible Third Edtion* (3rd ed.). John Wiley & Sons, Inc.

Negus, C. (2015). *Linux ® Bible Ninth Edition* (9th ed.). Wiley.

Ross, A. (2017). *La guía definitiva de Linux para la gente cotidiana The Ultimate Linux Newbie Guide*. Obtenido de www.linuxnewbieguide.org